Nouvelle édition

La forêt

– grammaire française de base –

Shigeru MORI

まえがき

　本書は、これからフランス語を学ぶ人を対象にした文法書です。どちらかというと、従来の伝統的な文法教科書に類するものと言ってよいでしょう。基になったのは、著者が長い間に作りためた項目別の文法プリントです。そのプリントは、長い間に大小さまざまな変化を遂げました。学生諸君の意見、あるいは諸先生方のご助言などを参考に、何度も改訂作業を繰り返してきたからです。その意味では、本書は、多くの人たちの協力があってはじめて完成したものと言えます。ただ、これを一冊の教科書としてまとめるために、この度さらに大きく手を加えることになりました。教科書化という作業の過程で、これまでに蓄積されてきた現場の声が損なわれていないことを願っています。

　本書の執筆にあたって、大学の授業という限られた時間枠の中で、できるだけ学習成果をあげられるものにしようと工夫を凝らしました。そのためには、まず何よりもコンパクトな教科書を目指しました。主な特色は以下のとおりです。

1) 各課は練習問題を含めて見開き2ページで、全21課（leçon 0~20）の構成です。
2) 全体を4部に分け、冒頭のpréparation、各部末のsupplément、巻末のappendiceを加えると、最初から第2部までの見出し数が13、第3部から最後までが13となるように区分しました。
3) 語彙を限定し、発音しやすく分かりやすい例文を採用しました。
4) 主要な動詞は、すぐに活用を確認できるように、各課に活用表を掲載しました。
5) 練習問題は、辞書を用いて独力でできるよう簡潔なものにしてあります。
6) 複合過去以外の複合時制は、必要に応じて学習できるように別枠にまとめ、活用表も付しました。
7) 初級で必要とされる文法項目は、接続法まで一通りすべて取り上げました。

　本書が、フランス語という広大な「森」に足を踏み入れた学習者のために、少しでもお役に立てるものとなっていることを願ってやみません。ご使用になられました先生方から忌憚のないご意見、ご感想をお聞かせいただけましたら幸いです。

2013年秋

（改訂に際し）

　この度、本書の改訂版をお届けする運びとなりました。改訂に際しましては、各課の例文や練習問題を見直し、より平易で実用的なものにすることで、さらなる使い易さの向上を目指しました。フランス語習得を志す皆さまに、これまで以上にお役立ていただければ幸いです。

2019年秋

著者

目次　table des matières

première partie

フランスとフランス語に親しもう！

préparation

1. carte d'Europe

■ EU（28ヶ国）　■ ユーロ圏（19ヶ国）

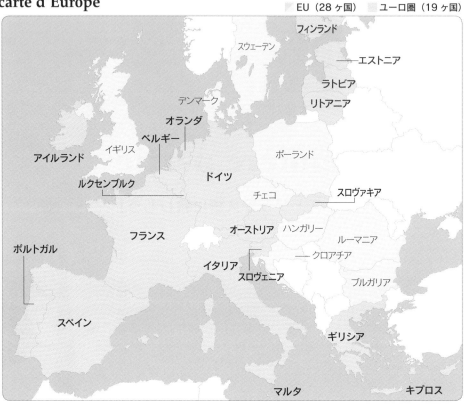

フィンランド
スウェーデン
——エストニア
ラトビア
リトアニア
デンマーク
オランダ
ベルギー
イギリス
ポーランド
アイルランド
ドイツ
ルクセンブルク
チェコ　スロヴァキア
オーストリア　ハンガリー
ルーマニア
フランス
——クロアチア
ポルトガル
イタリア
スロヴェニア
ブルガリア
スペイン
ギリシア
マルタ　　　　キプロス

2. la France

ANGLETERRE
Lille
FRANCE
MANCHE
NORD
BELGIQUE
ALLEMAGNE
Cherbourg
PICARDIE
Reims
LUXEMBOURG
Honfleur • Rouen
NORMANDIE
CHAMPAGNE
Versailles • • Paris
BRETAGNE St-Malo   Le Mont St-Michel
LORRAINE
Chartres   ILE DE
FRANCE
Strasbourg
Carnac   • Rennes
ALSACE
PAYS DE LA LOIRE   Orléans
la Loire   Tours •   CENTRE
BOURGOGNE
Nantes
VAL DE LOIRE
FRANCHE
COMTE
Poitiers •   Dijon •
Besançon
OCEAN ATLANTIQUE
POITOU
SUISSE
LIMOUSIN   Clermont-
Ferrand   RHÔNE ALPES
Bordeaux •   Lyon •
AUVERGNE
la Garonne   Grenoble •
ITALIE
AQUITAINE
LANGUEDOC   le Rhône   PROVENCE
Avignon •
PYRÉNÉES   • Toulouse
Montpellier •   Arles •   CÔTE D'AZUR
MONACO
• Lourdes   Aix-en-Provence • • Nice
ESPAGNE
Marseille •   Cannes
MER MEDITERRANEE

la Seine

2

3. plan de Paris

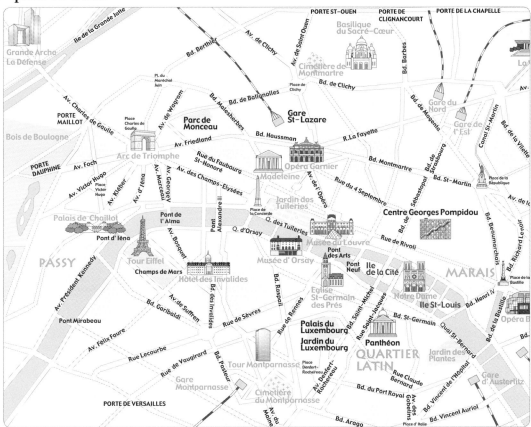

4. フランスの基本データ

- ■ **名称**　フランス共和国　République Française
- ■ **国旗**　三色旗　（表紙のイラスト参照）
- ■ **国歌**　ラ・マルセイエーズ　La Marseillaise
- ■ **人口**　6,699万人（2019. 1 推計）
- ■ **面積**　約55万2000km^2（海外県8万9000km^{2}を加えると64万1000km^2）

    ※ 国土の3分の2を平地が占め、その多くが農地・酪農地として活用されている。
- ■ **通貨**　ユーロ　1€＝約123円　（2019. 6）　＊2002年1月より欧州統一通貨ユーロを採用。
- ■ **宗教**　統計上、カトリック教徒がもっとも多く、約51％を占めると言われている。
- ■ **首都**　パリ（人口は都市圏で約1250万人　パリ市内は約214万人）

    ※ パリはフランスだけでなく、EUにおける最大の人口密集地。

leçon 0

フランス語で挨拶　salutations

A： Bonjour Mademoiselle.
B： Bonjour Monsieur.
A： Comment allez-vous ?
B： Je vais bien, merci. Et vous ?
A： Je vais très bien, merci.

A： Salut Françoise.
B： Tiens, salut Bernard.
A： Ça va ?
B： Oui, ça va. Et toi ?
A： Bien, merci.

A： Bonsoir Madame. Je m'appelle Michel Leblanc. Et vous ?
B： Moi, je m'appelle Anne Dubois. Bonsoir Monsieur.

4

A : Au revoir, Paul.

B : Bonne nuit, Sylvie. À bientôt.

A : Merci beaucoup.

B : Je vous en prie.

A : Pardon.

B : Ce n'est rien.

A : Excusez-moi.

B : Ce n'est pas grave.

leçon 1

1. Alphabet [alfabɛ]

A a [ɑ]	H h [aʃ]	O o [o]	V v [ve]
B b [be]	I i [i]	P p [pe]	W w [dubləve]
C c [se]	J j [ʒi]	Q q [ky]	X x [iks]
D d [de]	K k [ka]	R r [ɛːr]	Y y [igrɛk]
E e [ə]	L l [ɛl]	S s [ɛs]	Z z [zɛd]
F f [ɛf]	M m [ɛm]	T t [te]	
G g [ʒe]	N n [ɛn]	U u [y]	

2. 綴り字記号

é	accent aigu	アクサン・テギュ	: café
à, è, ù	accent grave	アクサン・グラーヴ	: mère
â, ê, î, ô, û	accent circonflexe	アクサン・スィルコンフレクス	: crêpe
ë, ï, ü	tréma	トレマ	: Noël
ç	cédille	セディーユ	: leçon

▶ その他の綴り字記号　′ apostrophe　アポストロフ　　　　: l'ami
　　　　　　　　　　　　-　 trait d'union　トレ・デュニヨン　: l'arc-en-ciel

3. 句読記号

.	point	?	point d'interrogation
,	virgule	!	point d'exclamation
:	deux-points	…	points de suspension
;	point-virgule	《 》	guillemets

4. 数字 0 〜 20（基数）

 06

0	zéro		
1	un/une	11	onze
2	deux	12	douze
3	trois	13	treize
4	quatre	14	quatorze
5	cinq	15	quinze
6	six	16	seize
7	sept	17	dix-sept
8	huit	18	dix-huit
9	neuf	19	dix-neuf
10	dix	20	vingt

leçon 2

§1. 名詞の性と数

 07

男性名詞 *(n.m.)* ： livre　　hôtel　　garçon　　étudiant

女性名詞 *(n.f.)* ： table　　école　　fille　　étudiante

複数形 *(pl.)* → | 単数形 *(s.)* + s |　garçon → garçons / étudiante → étudiantes

※ s は発音しない。(語尾の発音は変わらない)

§2. 冠詞

 08

1) 不定冠詞

	s.	*pl.*
m.	**un**	**des**
f.	**une**	

un livre　　　*des* livres

une table　　　*des* tables

un hôtel　　　*des* hôtels

une école　　　*des* écoles

(	) garçon
(	) fille
(	) étudiants

♪　・リエゾン　　　　：発音しない語末の子音をつなげて発音　　*des* hôtels [dezɔtɛl]

♪　・アンシェヌマン：発音する語末の子音をつなげて発音　　*une* école [ynekɔl]

2) 定冠詞

	s.	*pl.*
m.	**le (l′)**	**les**
f.	**la (l′)**	

le garçon　　　*les* garçons

la fille　　　*les* filles

*l′*étudiant　　　*les* étudiants

(	) livre
(	) table
(	) école
(	) hôtels

♪　・エリジオン (母音字省略)　　~~le étudiant~~ → *l′*étudiant

3) 部分冠詞

m.	**du**	**(de l′)**
f.	**de la**	**(de l′)**

du café　　　*de l′*argent

de la viande　　　*de l′*eau

(	) vin
(	) salade
(	) air

§3. 提示の表現 I

 09

| **voici / voilà ~** |

Voici un stylo.

Voilà les livres de Georges.

Du pain, s′il vous plaît. — *Voilà*, Monsieur.

Exercices

1. 次の語のカッコ内に適当な不定冠詞を入れ、意味を書きなさい。

1) (　　　) père .... 　2) (　　　) mères ....

3) (　　　) frères .... 　4) (　　　) sœur ....

5) (　　　) chaise .... 　6) (　　　) voitures ....

2. 次の語のカッコ内に適当な定冠詞を入れ、意味を書きなさい。

1) (　　　) soleil .... 　2) (　　　) lune ....

3) (　　　) étoile .... 　4) (　　　) château ....

5) (　　　) lunettes .... 　6) (　　　) appartement ....

3. 次の語のカッコ内に適当な部分冠詞を入れ、意味を書きなさい。

1) (　　　) thé .... 　2) (　　　) soupe ....

3) (　　　) ambition .... 　4) (　　　) courage ....

4. フランス語に直しなさい。

1) ここに何人かの少年がいます。

2) あそこにジャン Jean の学校があります。

3) 水をお願いします。—どうぞ、マダム。

♪ 単母音字の発音　 10

a, à, â	[a / ɑ]	: table, voilà
i, î, y	[i]	: pipe, bicyclette
o, ô	[o / ɔ]	: école, hôtel
u, û	[y]	: lune, flûte
e	[–]	: livre, salade
e	[ə]	: petit, melon
e	[e / ɛ]	: des, merci
é / è, ê	[e / ɛ]	: école, mère, crêpe

cf.) 名詞の性と語尾　 11

▶男性名詞語尾（例外あり）

    -eau　: château

    -ment　: appartement

    -age　: courage など

▶女性名詞語尾

    -ture　: voiture

    -tion　: ambition

    -ette　: lunette など

leçon 3

§ 4.　主語人称代名詞
　12

	s.	*pl.*
一人称	je (j')	nous
二人称	tu/vous	vous
三人称	il	ils
	elle	elles

英語の場合

I	we
you	you
he (it)	they
she (it)	they

※ **tu** は親しい間柄でのみ用いる。それ以外は相手が一人でも **vous** を用いる。

※ 三人称は「もの」を受けて、「それ／それらは〜」の意でも用いる。

§ 5.　**être** と **avoir** の直説法現在形
　13

être（←不定詞［法］：辞書の見出し）

je suis	nous sommes
tu es	vous êtes
il est	ils sont
elle est	elles sont

英語の場合
(be動詞)

I am	we are
you are	you are
he (it) is	they are
she (it) is	they are

Tu *es* étudiante ?　　— Oui, je *suis* étudiante.

Vous *êtes* français ?　　— Non, nous *sommes* canadiens.

Elles *sont* à Paris.

※ 前置詞：à 〜「…に」

avoir（←不定詞［法］：辞書の見出し）

j' ai	nous avons
tu as	vous avez
il a	ils ont
elle a	elles ont

英語の場合
(have動詞)

I have	we have
you have	you have
he (it) has	they have
she (it) has	they have

Vous *avez* des enfants ?　　— Oui, j'*ai* un garçon et une fille.

Monsieur Durand *a* deux voitures.

Paul, tu *as* la clef ?　　— Oui, elle *est* dans le sac.

§ 6.　提示の表現 II
14

英語の場合

c'est ＋*s.*	*C'est* un crayon.	this (that/it) is ＋ *s.*
ce sont ＋*pl.*	*Ce sont* les cahiers de Marie.	these (those/they) are ＋ *pl.*

il y a	＋ *s.*	*Il y a* un livre sur la table.	there is ＋ *s.*
	＋ *pl.*	*Il y a* des fleurs dans le jardin.	there are ＋ *pl.*

※ 前置詞：sur 〜「…の上に」／ dans 〜「…の中に」／ devant 〜「…の前に」

Exercices

1. カッコ内に être か avoir の直説法現在形を入れなさい。

1) Tu (　　　　　　) des stylos ?

2) Ils (　　　　　　) une maison.

3) Vous (　　　　　　) médecin ?

4) Je (　　　　　　) à Tokyo.

5) Nous (　　　　　　) trois enfants.

6) Elle (　　　　　) dans la cuisine.

2. フランス語にしなさい。

1) Durand 夫人は、犬 (chien) を 1 匹、猫 (chat) を 2 匹飼っています。

2) 庭の中に子供たちがいます。

3. 発音を聴いて空欄をうめなさい。　　 15

1) Ils (　　　) professeurs (　　　) français.

2) Il (　　) (　　) (　　) dame devant la porte : (　　) (　　) la mère de Jean.

🎵 複母音字の発音　　16

ai, ei	[ɛ]	: maison, treize
au, eau	[o]	: chaud, château
eu, œu	[ø / œ]	: deux, sœur
ou	[u]	: douze, nous
oi	[wa]	: voiture, trois

🎵 2つの h　　 17

h	無音	: un‿homme,	l'homme,	les‿hommes
h	有音	: un¦héros,	le héros,	les¦héros

leçon 4

§ 7. **形容詞**：形容詞は関係する名詞や代名詞の性・数に一致する。　 **18**

Il est grand.　　　　　Ils sont grand*s*.

Elle est grand*e*.　　　Elles sont grand*es*.

Il est petit.
Elle est p _____
Ils sont p _____
Elles sont p _____

cf.) 職業・国籍を表す名詞なども同様にして性・数一致する。

Il est étudiant.　　　　Ils sont étudiant*s*.

Elle est étudiant*e*.　　Elles sont étudiant*es*.

Il est français.
Elle est f _____
Ils sont f _____
Elles sont f _____

※語尾 e →男女同形： Il est jeun*e*. / Elle est jeun*e*.

語尾 s →単複同形： Il est japonais. / Ils sont japonais.

　　　　　　　　cf.) 女性は japonais*e* / japonais*es*

§ 8. **否定文**：主語 ＋ **ne (n′)** ＋ 動詞 ＋ **pas**　 **19**

※ ne と pas で動詞を挟む。

ne は、母音（無音の h）の前でエリジオンされる： ne → n′

avoir の否定形

je	_____
tu	_____
il/elle	_____
nous	_____
vous	_____
ils/elles	_____

être の否定形

je *ne* suis *pas*	nous *ne* sommes *pas*
tu *n′*es *pas*	vous *n′*êtes *pas*
il /elle *n′*est *pas*	ils/elles *ne* sont *pas*

Je *ne* suis *pas* professeur.　　Il *n′*est *pas* chinois.

Ce *n′*est *pas*‿un crayon.　　　Ce *ne* sont *pas* des fruits.

否定の de：直接目的語につく不定冠詞・部分冠詞は、否定文で de (d′) になる。

Elle‿a *des* frères ? — Non, elle n′a pas *de* frères.

Tu as *de l′*argent ? — Non, je n′ai pas *d′*argent.

Il n′y‿a pas *de* café dans la tasse.

◆ **国籍・職業**　🎧 **20**

français(e)*	chinois(e)	allemand(e)	américain(e)
coréen(ne)	anglais(e)	professeur**	médecin**
musicien(ne)	secrétaire	acteur/actrice	employé(e) de bureau

*国籍（名詞）は大文字で表記することもある。→ C′est un Allemand.

**professeur, médecin は男性形のみ　　*cf.*) Elle est médecin.

Exercices

1. 否定文にしなさい。

1) Nous sommes touristes.

2) C'est un acteur.

3) Vous avez de la chance.

4) Il y a de l'eau dans le verre.

2. フランス語にしなさい。

1) ルイーズ Louise の兄弟たちは音楽家です。

2) 彼らにはお金がない。彼らは裕福 (riche) ではない。

3. 発音を聴いて空欄をうめなさい。 21

1) Elle (　　) (　　) (　　) anglaise ; elle est américaine.

2) Je (　　) (　　) (　　) de frères ni de sœurs.

※ ne ~ pas(ni) A ni B :「AもBも … ない」

cf.) **属詞と直接目的語**

C'est un stylo. → Ce n'est pas *un stylo*.	（属詞 A）
J'ai un stylo. → Je n'ai pas *de stylo*.	（直接目的語 COD）

※ 属詞 A＝英語の補語 C

cf.) 文型については p. 40, supplément III

♪ **鼻母音の発音** 22　　♪ **半母音の発音** 23

in, im, ain, aim	[ɛ̃]* :	cinq, important, demain
(un, um	[œ̃] :	lundi, parfum)**
an, am, en, em	[ɑ̃] :	France, trente, employé
on, om	[ɔ̃] :	onze, nombre, jambon

[j] :	piano, soleil
[ɥ] :	huit, juin
[w] :	soir, loin

*ein, eim, yn, ym も同じ
**今日では [ɛ̃] と [œ̃] は区別されない。

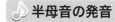

13

leçon 5

§9. 第1群規則動詞（-er動詞）の直説法現在形 🎧 24

parler (←不定詞 [法]：辞書の見出し)

je parl**e**	nous parl**ons**
tu parl**es**	vous parl**ez**
il/elle parl**e**	ils/elles parl**ent**

habiter

j' habit**e**	nous ‿habit**ons**
tu habit**es**	vous ‿habit**ez**
il/elle⌢habit**e**	ils/elles ‿habit**ent**

Il *parle* bien français.

Elles‿*habitent* à Kyoto.

travailler

je travaill_____	nous travaill_____
tu travaill_____	vous travaill_____
il/elle travaill_____	ils/elles travaill_____

aimer

j' aim_____	nous ‿aim_____
tu aim_____	vous ‿aim_____
il/elle⌢aim_____	ils/elles ‿aim_____

§10. 疑問形 🎧 25

1) イントネーション：Vous‿aimez le sport ? (♪)

2) Est-ce que (qu') を主語の前につける。

　　　　　: ***Est-ce que*** vous‿aimez le sport ?

　　　　　: ***Est-ce qu'*** il⌢aime le sport ?

3) 主語と動詞の倒置：***Aimez-vous*** le sport ?

　（単純倒置）: ***Aime-t⌢-il*** le sport ?

　　　　　　　※ - t - : -er動詞とavoir の三人称単数 (il, elle) の倒置形に挿入する。

　　　　　　　　　A-*t*-il des sœurs ? (← Il⌢a des sœurs.)

▶主語が名詞の場合: ***Les livres sont‿ils*** intéressants ?

　（複合倒置）: ***Marie aime-t-elle*** le sport ?

cf.) 疑問文の答え方　***Oui, Non, Si***

▷ Vous‿avez chaud ?

　— ***Oui***, j'ai chaud.

　— ***Non***, je n'ai pas chaud.

▶ Vous n'avez pas faim ?

　— ***Si***, j'ai faim.

　— ***Non***, je n'ai pas faim. Mais j'ai soif.

cf.) avoir の成句　p.16 supplément I

Exercices

1. カッコ内に適当な動詞を入れなさい。

1) Est-ce que Pauline chante bien ? — Oui, elle (　　　　　) très bien.

2) Tu (　　　　　) anglais ? — Non, je ne parle pas anglais.

3) (　　　　　)-ils la radio ? — Oui, ils écoutent la radio.

4) Où habitez-vous ? — Nous (　　　　　) à Sendai.

2. 次の疑問文を est-ce que (A) と倒置形 (B) の疑問文に書き換えなさい。

1)　Vous regardez la télévision ?

 (A) ....

 (B) ....

2) Elle a beaucoup d'amis ?　　　　　　　　　　　※ beaucoup de ~「多くの …」

 (A) ....

 (B) ....

3) Jacques aime la musique ?

 (A) ....

 (B) ....

3. 発音を聴いて空欄をうめなさい。　　　　　　　　　　　🎧 26

1) Vous (　　　) (　　　) pas le vin ? — Non, je (　　　) (　　　) pas l'alcool.

2) Y (　　　)-(　　　)-(　　　) encore des pommes de terre ?

♪ 注意すべき子音字の発音　　　　　　🎧 27

c	[s] / [k]	: cité / café	ch	[ʃ]	: chapeau, chocolat
ç	[s]	: leçon	th	[t]	: thon, théâtre
g	[ʒ] / [g]	: large / langue	ph	[f]	: Sophie, photo
s	[s] / [z]	: soif / poison	qu	[k]	: qui, quatre
ss	[s]	: poisson	gn	[ɲ]	: cognac, champagne

supplément I

◆ 第1群規則動詞の活用の例外 ⌢ 28

manger

je mange	nous mang*eons*
tu manges	vous mangez
il mange	ils mangent

Nous mang*eons* du poisson.

commencer

je commence	nous commen*çons*
tu commences	vous commencez
il commence	ils commencent

Nous commen*çons* le cours de français.

acheter

j' ach**è**te	nous_achetons
tu ach**è**tes	vous_achetez
il_ach**è**te	ils_ach**è**tent

Elle achète une jolie robe.

◆ **avoir** の成句 29

· avoir chaud / froid	· avoir mal à ~
· avoir faim / soif	· avoir envie de ~
· avoir sommeil	· avoir besoin de ~

Vous *avez mal à* la tête ?
— Non, j'*ai sommeil.*
　　J'*ai envie de* dormir.

◆ その他の否定表現⑴ 30

▶ **ne ~ personne**
▶ **ne ~ rien**

Il *n'*y a *personne* derrière la porte.
Il *n'*y a *rien* sous le lit.
cf.) Merci ! — De *rien.*　　　　　英：nobody / nothing

※ 前置詞：sous ~「…の下に」／ derrière ~「…の後に」

◆ 数字21 ~ 100（基数） ⌢ 31

21 vingt et un/une	40 quarante	71 soixante et onze	90 quatre-vingt-dix
22 vingt-deux	50 cinquante	72 soixante-douze	91 quatre-vingt-onze
23 vingt-trois	60 soixante	80 quatre-vingts	99 quatre-vingt-dix-neuf
30 trente	70 soixante-dix	81 quatre-vingt-un/une	100 cent

deuxième partie

フランス語の性質を知ろう！

leçon 6

§ 11. 指示形容詞：「この / これらの〜」

🎧 32

m.s.	f.s.	m.f.pl.
ce (cet)	**cette**	**ces**
ce garçon	cette fille	ces‿enfants

(　　) crayon	*m.s.*
(　　) gomme	*f.s.*
(　　) homme	*m.s.*
(　　) femmes	*f.pl.*

※ 母音（無音の h）で始まる男性名詞（単）の前：*cet*‿élève　　*cet*‿hôtel

cf.) ce journal-ci / ce journal-là

§ 12. 所有形容詞：「私の / 君の〜…」

🎧 33

	m.s.	f.s.	m.f.pl.
je	**mon**	**ma (mon)**	**mes**
tu	**ton**	**ta (ton)**	**tes**
il / elle	**son**	**sa (son)**	**ses**
nous	**notre**		**nos**
vous	**votre**		**vos**
ils / elles	**leur**		**leurs**

「私の」	(　　) père	(　　) parents
「君の」	(　　) sœur	(　　) frères
「彼（女）の」	(　　) cousin	(　　) cousine
「私達の」	(　　) mère	(　　) enfants
「あなた（方）の」	(　　) fille	(　　) parents
「彼（女）らの」	(　　) mère	(　　) enfants

※ 母音（無音の h）で始まる女性名詞（単）の前では ma, ta, sa の代わりに mon, ton, son を用いる。

　: ~~ma école~~ → *mon*‿école　　~~sa habitation~~ → *son*‿habitation

※「彼の」と「彼女の」の区別がない：*son* père「彼の父親」＝「彼女の父親」

§ 13. 第2群規則動詞（-ir 動詞）の直説法現在形

🎧 34

finir（←不定詞 [法]：辞書の見出し）

je fin**is**	nous fin**issons**
tu fin**is**	vous fin**issez**
il fin**it**	ils fin**issent**

choisir

je chois ⎯⎯	nous chois ⎯⎯
tu chois ⎯⎯	vous chois ⎯⎯
il chois ⎯⎯	ils chois ⎯⎯

Finissez-vous ce travail avant midi ?

Les pommiers *fleurissent* au mois de mai.

*fleurissent > fleurir

◆Les 12 mois

🎧 35

janvier,	février,	mars,	avril,	mai,	juin,
juillet,	août,	septembre,	octobre,	novembre,	décembre

cf.) **au mois de** janvier / **en** janvier

Exercices

1. カッコ内に適当な指示形容詞を入れなさい。

1) (　　　) train　　2) (　　　) moto　　3) (　　　) vélos

4) (　　　) bateau　　5) (　　　) avion　　6) (　　　) autos

2. カッコ内に適当な所有形容詞を入れなさい。

1) C'est ta chambre ? — Oui, c'est (　　　) chambre.

2) Ce sont les chaussures de Sophie ? — Oui, ce sont (　　　) chaussures.

3) C'est le fils de M. et Mme Dupont ? — Oui, c'est (　　　) fils.*

4) Ce sont (　　　) enfants ? — Non, ce ne sont pas nos enfants.

※M. =Monsieur の略
Mme=Madame の略
* fils [fis]

3. カッコ内に指示された主語に換えて、全文を書き改めなさい。

1) On finit les vacances à la fin d'août. (私、あなたたち)

2) Je choisis ce dessert. (彼、彼女たち)

3) Laurent réussit toujours son examen. (君、私たち)

※ on「人は／私たちは…」：動詞活用は三人称単数

🎧 36

4. 発音を聴いて空欄をうめなさい。

1) Ces (　　　) sont (　　　) cousines.

2) En France, les spectacles (　　　) (　　　) tard.

 指示代名詞と指示形容詞　　　　　　🎧 37

▶代名詞（性数変化なし）→ 常に **ce**（＋動詞）

~~ce est~~ → *c'est*... : これ（あれ、それ）は…です。

ce sont... : これら（あれら、それら）は…です。

▶形容詞（性数変化あり）→ **ce (cet), cette, ces** ＋名詞

ce musée : この（あの、その）美術館

cette église : この（あの、その）教会

ces magasins : これらの（あれらの、それらの）店

英語の場合

→ *This* is ...
　主語

→ *This* book is ...
　主語

19

leçon 7

§ 14. **疑問形容詞**：名詞を修飾して「どんな／何の〜」をたずねる。 🎧 38

m.s.	f.s.	m.pl.	f.pl.
quel	**quelle**	**quels**	**quelles**

Quel âge avez-vous ?　　　— J'ai dix-neuf ans.

Quelle est votre adresse ?　　— 46 rue Saint-Jacques.

De *quelle* couleur est sa jupe ?　— Elle est bleue.

※ 感嘆詞としても用いる。　*Quel* beau temps !　*Quelles* belles fleurs !

§ 15. **付加形容詞の位置** 🎧 39

原則： 名詞の後　un homme *sympathique*

　　　　　　　　des fleurs *rouges*

　　　名詞の前 ： 日常的によく使われる短い形容詞（主観的）

petit,	bon,	jeune,	nouveau,	beau	un *bon* restaurant
grand,	mauvais,	vieux,	ancien,	joli	une *jeune* fille

※不定冠詞 des→**de** ： 形容詞が名詞の前に入るとき　*ex.)* des fleurs → **de** jolies fleurs

§ 16. **形容詞の女性形の例外**　原則：男性形＋e　*cf.)* petit → petit*e* 🎧 40

① - e → 男女同形　　　： roug*e* → roug*e*

② 子音を重ねて＋e　　： bon → bon*ne*, gentil → gentil*le*

③ 語尾の一部を変形　　： acti*f* → acti*ve*, heureu*x* → heureu*se*

④ 男性第2形を持つもの： beau (*bel*) → *belle*, vieux (*vieil*) → *vieille*,

　　　　　　　　　　　　nouveau (*nouvel*) → *nouvelle*

⑤ その他　　　　　　　： long → long*ue*, blanc → blan*che* *etc.*

un beau jardin
un b_____ arbre
une belle maison

§ 17. **名詞・形容詞の複数形の例外**　原則：単数形＋s　*cf.)* un garçon → des garçons 🎧 41

① - s, x, z → 単複同形 ： un fil*s* sérieu*x* → des fil*s* sérieu*x*

② - eu, eau → ＋x　　： un beau cheveu → de beau*x* cheveu*x*

③ - al → - aux　　　 ： un‿anim*al* soci*al* → des‿anim*aux* soci*aux*

◆ **Les 7 jours de la semaine** 🎧 42

lundi, 　mardi, 　mercredi, 　jeudi, 　vendredi, 　samedi, 　dimanche

Exercices

1. カッコ内に適当な疑問形容詞を入れ、右の応答文と結びなさい。

1) (　　　　　) jour sommes-nous ?　　・　　・ J'aime les films fantastiques.

2) De (　　　　　) nationalité êtes-vous ? ・　　・ Nous sommes jeudi.

3) (　　　　　) films aimez-vous ?　　・　　・ À treize heures.

4) À (　　　　　) heure part ce train ? ・　　・ Nous sommes japonais.

2. カッコ内の形容詞を加えた文にしなさい。

1) Il porte une veste. (noir)

2) C'est un ordinateur. (nouveau)

3) Voilà des étudiantes. (actif)

4) Il y a des gâteaux en France. (bon)

5) Ils achètent une maison. (beau / blanc)

3. 発音を聴いて空欄をうめなさい。　　　　　 43

1) (　　　) sont (　　　) fleurs ? — (　　　) sont des roses.

2) Il y a de (　　　) (　　　) le long de la Loire.

※ le long de ~ 「…に沿って」

 その他の否定表現(2)　　　　　 44

▶ **ne ~ plus**	Il *ne* marche *plus* : il est fatigué.
▶ **ne ~ jamais**	Il *ne* mange *jamais* de viande : il est végétarien.
▶ **ne ~ que** (限定)	Il *n'*a *qu'*une tomate.

partir

je pars	nous partons
tu pars	vous partez
il part	ils partent

sortir

je sors	nous s_____
tu s_____	vous s_____
il s_____	ils s_____

leçon 8

§18. 動詞 aller, venir の直説法現在形 🎧 45

aller (←不定詞 [法]：辞書の見出し)

je vais	nous_allons
tu vas	vous_allez
il va	ils vont

Elle *va* à l'église.

Vous *allez* bien ? — Oui, je *vais* bien.

venir

je viens	nous venons
tu viens	vous venez
il vient	ils viennent

D'où *venez*-vous ? — Je *viens* de Marseille.

◆近接未来と近接過去

▶近接未来：　aller の現在形＋不定詞　　「これから〜する（つもり、ところ）だ」

Nous_*allons partir* pour la France cet été.

cf.) Je *vais chercher* ma fille à la station de métro.

▶近接過去：　venir の現在形＋de＋不定詞　　「ちょうど〜した（ところ、ばかり）だ」

Elle *vient de rentrer* de l'université.

Mes parents *viennent d'arriver* à l'hôtel.

§19. 前置詞 à, de と定冠詞の縮約 🎧 46

à le → **au**	Il va *au* cinéma.
à les → **aux**	Je vais *aux* toilettes.
de le → **du**	Nous venons *du* Japon.
de les → **des**	Tu viens des_États-Unis ?

※定冠詞が la または l' のときは縮約しない。

Il va *à la* gare / *à l'*aéroport.

Il habite près *de la* Défense / *de l'*Opéra.　　　※ près de 〜 「…の近くに／で」

§20. 中性代名詞：**y**　※ 動詞の直前に置く。 🎧 47

1) 場所を受ける。 →「そこへ／で」

On va *à la plage* ?　　　　　　　 — D'accord, on *y* va.

Elle habite encore *en France* ?　　 — Non, elle n'*y* habite plus.

2) 前置詞 à ＋ 名詞（もの・こと）を受ける。

Penses-tu *à ton avenir* ?　　　　 — Oui, j'*y* pense souvent.

　　　　　　　　　　　　　　　　　　※ penser à 〜 「…について考える」

◆Les 4 saisons 🎧 48

(au) printemps　　(en) été　　(en) automne　　(en) hiver

Exercices

1. 各文を近接未来 (A) と近接過去 (B) の文に書き換えなさい。

1) Je visite le musée du Louvre.　(A) _____

   (B) _____

2) Nous finissons nos devoirs.　(A) _____

   (B) _____

3) Elle a vingt ans cet hiver.　(A) _____

   (B) _____

2. カッコ内に au, aux, du, des のうち適当なものを入れなさい。

1) J'ai mal (　　　　) dents depuis ce matin.　　※ avoir mal à ~　*cf.*) p.16

2) La bibliothèque est à côté (　　　　) Panthéon.　　※ à côté de ~ 「…の横に」

3) Elles vont aller (　　　　) concert après le dîner.

4) Ils habitent près (　　　　) Champs-Élysées.

3. 発音を聴いて空欄をうめなさい。　　 49

1) Frédéric (　　　) (　　　) pas là ; il (　　　) (　　　) sortir.

2) Aujourd'hui, nous (　　　) faire des courses (　　　　) marché aux Puces.

 国・都市と前置詞　　 50

		(～へ / に・で)		(～から)	
▶ 女性名詞の国	en	Il va *en* France	de	Il vient *de* France
母音の国		*en*_Iran	d'	*d'*Iran
▶ 男性名詞（子音）の国	au	*au* Canada	du	*du* Japon
▶ 複数名詞の国	aux	*aux*_États-Unis	des	*des*_États-Unis
▶ 都市	à	*à* Paris	de	*de* Tokyo
▶ 人	chez	*chez* Pierre		*de chez* Pierre

▷ 女性名詞の国 → 原則として語末が無音の "e"　*ex.*) la France, la Chine, l'Allemagne など

leçon 9

§ 21. **疑問代名詞 I** 「だれ？」: **qui**
 「なに？」: **que (quoi)** ※quoi は que の強勢形

▶**主語**

人 「だれが…？」 （例文）

 Qui + 動詞? **Qui** habite ici ?

 Qui est-ce qui + 動詞? **Qui est-ce qui** habite ici ?
 キ エ ス キ

もの
こと 「何が…？」

 Qu'est-ce qui + 動詞? **Qu'est-ce qui** arrive ?
 ケ ス キ

 ※動詞活用は三人称単数

▶**直接目的**

人 「だれを…？」

 Qui 動詞 – 主語? **Qui** cherchez-vous ?

 Qui est-ce que 主語+動詞? **Qui est-ce que** vous cherchez ?
 キ エ ス ク

 主語+動詞 *qui*? （口語） Vous cherchez **qui** ?

もの
こと 「何を…？」

 Que 動詞 – 主語? **Que** faites- vous ?

 Qu'est-ce que 主語+動詞? **Qu'est-ce que** vous faites ?
 ケ ス ク

 主語+動詞 *quoi*? （口語） Vous faites **quoi** ? ※文末では quoi

▶**属詞**（＝英語の補語C）

人 「…はだれ？」

 Qui 動詞 – 主語? **Qui** est-ce ?

 主語+動詞 *qui*? （口語） C'est **qui** ?

もの
こと 「…は何？」

 Qu'est-ce que 主語+動詞? **Qu'est-ce que** c'est ?

 主語+動詞 *quoi*? （口語） C'est **quoi** ?

▶**前置詞＋ qui / quoi ?** **De qui** parlez-vous ? / **De quoi** parlez-vous ?
 ※ parler de ~ 「…について話す」

§ 22. **疑問副詞**

Comment rentrez-vous ? ― Je rentre à pied.

Pourquoi ne vient-il pas ? ― *Parce qu'*il est malade.

*Quand est-ce qu'*elle part ? ― Elle part après-demain.

Tu vas *où* ? ― Je vais à l'hôpital.

Ça coûte *combien* ? ― Trois euros cinquante.

Exercices

1. 右の応答文を参考にして、カッコ内に適当な疑問詞を入れなさい。

1) (　　　　　　　　) cherchez-vous ?　　— Je cherche ma montre.

2) (　　　　　　　　) c'est ?　　— Ce sont des tulipes.

3) (　　　　　　　　) va ton père ?　　— Il va bien, merci.

4) (　　　　　　　　) cherchez-vous ?　　— Je cherche ma fille.

5) (　　　　　　　　) vous faites ?　　— Je suis pâtissier.

2. 下線の部分を問う疑問文を、倒置の文と est-ce que を使う文の両方で作りなさい。

例) Je fais <u>du café au lait</u>.　　→　*Que faites-vous ?*

Qu'est-ce que vous faites ?

1) J'invite <u>Clément</u>.　　→ ....

....

2) Il part <u>cet après-midi</u>.　　→ ....

....

3) Elle travaille <u>dans une banque</u>.　　→ ....

....

3. 発音を聴いて空欄をうめなさい。　　 53

1) (　　) est-ce (　　　) vous (　　　) comme boisson ?

2) (　　) est-ce (　　　) ne va pas ? — Je ne sais pas, mais le PC ne marche plus.

🎧 54

faire		prendre		savoir	
je fais	nous faisons*	je prends	nous prenons	je sais	nous savons
tu fais	vous fai*tes*	tu prends	vous prenez	tu sais	vous savez
il fait	ils font	il prend	ils prennent	il sait	ils savent

* [f(ə)zɔ̃]

25

supplément II

◆ 筆記体

$\mathcal{A}\ \alpha\quad \mathcal{B}\ b\quad \mathcal{C}\ c\quad \mathcal{D}\ d\quad \mathcal{E}\ e\quad \mathcal{F}\ f\quad \mathcal{G}\ g\quad \mathcal{H}\ h\quad \mathcal{I}\ i$

$\mathcal{J}\ j\quad \mathcal{K}\ k\quad \mathcal{L}\ l\quad \mathcal{M}\ m\quad \mathcal{N}\ n\quad \mathcal{O}\ o\quad \mathcal{P}\ p\quad \mathcal{Q}\ q\quad \mathcal{R}\ r$

$\mathcal{S}\ s\quad \mathcal{T}\ t\quad \mathcal{U}\ u\quad \mathcal{V}\ v\quad \mathcal{W}\ w\quad \mathcal{X}\ x\quad \mathcal{Y}\ y\quad \mathcal{Z}\ z$

◆ フランス語の音

1) 母音 [i] —— [y] —— [u]

[e] — [ø] — [o]

[ə]

[ɛ] — [œ] — [ɔ]

[a] —— [ɑ]

2) 鼻母音 [ɛ̃] [œ̃] [ɑ̃] [ɔ̃]

3) 半母音 [j] [ɥ] [w]

4) 子音

[p] [t] [k] [f] [s] [ʃ]　　　[m] [n] [ɲ] [l] [r]
[b] [d] [g] [v] [z] [ʒ]

◆ 母音ではじまる語に関する規則（まとめ） 55

① liaison リエゾン

本来発音しない語末の子音字を、次の語頭の母音とつなげて発音すること

ex.) vous‿avez　　　les‿étudiants　　　un grand‿hôtel

※リエゾンしてはいけない場所：un garçon et′ une fille,　Monsieur Dupont′ est là.

② enchaînement アンシェヌマン

発音する語末子音字を次の語頭の母音とつなげて発音すること

ex.) il⌒est / il⌒a　　une⌒étudiante

③ élision エリジオン（母音字省略）

le, la, ce, je, ne, de, que, me, te, se などが、母音（無音のh）が続いたために
l′, c′, j′, n′, d′ qu′, m′, t′, s′ になること

ex.) je aime → j′aime　　~~le étudiant~~ → l′étudiant

troisième partie

文の構造を理解して
表現の幅を広げよう！

leçon 10

§ 23. **比較級と最上級** （形容詞 / 副詞）　🎧 56

  1) **比較級**

    ▶形容詞 : Nathalie est **plus / aussi / moins** grande **que** Pierre.

    ▶副詞　: Pierre marche **plus / aussi / moins** vite **que** Nathalie.

  ※**特殊形** : bon, bien の優等比較

    ・(~~plus bon(ne)(s)~~ →) **meilleur(e)(s)** : Ce plat-ci est bon, mais ce plat-là est encore *meilleur.*

    ・(~~plus bien~~ →)　　**mieux**　　: Nathalie danse *mieux que* sa sœur.

  2) **最上級**　　定冠詞

    主語 + 動詞 + **le, la, les** **plus / moins** 形容詞 （**de ~**)

    Henri est *le plus* intelligent *de* la classe.
    Charlotte est *la moins* âgée *de* sa famille.
    Le Mont Blanc est la montagne *la plus* haute *d'*Europe.
    ※ Kyoto est une *des plus belles* villes *du* monde.

    主語 + 動詞 + **le** **plus / moins** 副詞 （**de ~**)

    Isabelle court* *le plus* vite *de* nous quatre.　*court > courir 活用14

§ 24. **強勢形人称代名詞**　🎧 57

je	*tu*	*il*	*elle*	*nous*	*vous*	*ils*	*elles*
moi	**toi**	**lui**	**elle**	**nous**	**vous**	**eux**	**elles**

  1) 主語の明示　　: *Toi*, tu sors ? *Moi* aussi !
  2) 属詞の位置　　: Qui dit la vérité ? — C'est *elle.*
  3) 前置詞の後　　: On va déjeuner avec *eux* ?
  4) 比較 que の後 : Sa sœur est moins grosse que *lui.*

◆ **方角　directions**　🎧 58

  le nord　　　le sud　　　l'est　　　l'ouest

Nouvelle édition
La forêt

– grammaire française de base –

語彙集

朝日出版社

＊品詞略号

[名] ＝ 名詞	[男] ＝ 男性名詞	[女] ＝ 女性名詞	[固] ＝ 固有名詞	[自動] ＝ 自動詞
[他動] ＝ 他動詞	[代動] ＝ 代名動詞	[形] ＝ 形容詞	[副] ＝ 副詞	[前] ＝ 前置詞
[接] ＝ 接続詞	[代] ＝ 代名詞	[冠] ＝ 冠詞	[間] ＝ 間投詞	

A

à	[前]	…に（へ）；…で
absolument	[副]	絶対に、完全に
accident	[男]	事故
accepter	[他動]	受け入れる
acheter	[他動]	買う
ac*teur, trice*	[名]	俳優
acti*f, ve*	[形]	活動的な
adorer	[他動]	…が大好きだ、熱愛する
adolescent, e	[形]	青春（期）の；若い
adresse	[女]	住所
aéroport	[男]	空港
affaire	[女]	用事、取引、事業
âge	[男]	年齢
âgé, e	[形]	歳をとった；年配の
agréable	[形]	気持ちの良い
aider	[他動]	助ける
aimer	[他動]	…が好きだ、愛する
air	[男]	空気
Alain	[固男]	アラン（人名）
alcool	[男]	アルコール飲料、酒類
Aline	[固女]	アリーヌ（人名）
Allemagne	[固女]	ドイツ
allemand	[男]	ドイツ語
allemand, e	[形]	ドイツの
	[名]	ドイツ人（A〜）
aller	[自動]	行く；具合が…である
allô	[間]	もしもし
alphabet	[男]	アルファベット、字母
ambition	[女]	大志；野望、野心

américain, e	[形]	アメリカの
	[名]	アメリカ人（A〜）
ami, e	[名]	友達
amour	[男]	愛
amoureu*x, se*	[形]	（de に）恋をしている
amusant, e	[形]	楽しい、愉快な
amuser (s')	[代動]	楽しむ
an	[男]	年；歳
ananas	[男]	パイナップル
ancien, ne	[形]	古い
anglais	[男]	英語
anglais, e	[形]	イギリスの
	[名]	イギリス人（A〜）
Angleterre	[固女]	イギリス
animal (複 -aux)	[男]	動物
Anne	[固女]	アンヌ（人名）
année	[女]	年
anniversaire	[男]	誕生日、記念日
août	[男]	8月
appartement	[男]	マンション、アパルトマン
appeler	[他動]	呼ぶ
s'appeler	[代動]	名[前]が…である
apporter	[他動]	…をもって来る
apprendre	[他動]	学ぶ、習う；教える
après	[前]	…の後に
d'après		…によれば
après-midi	[男]	午後
après-demain	[副]	明後日
arbre	[男]	木

argent	[男]	お金；銀
arrivée	[女]	到着
arriver	[自動]	（à に）到着する
art	[男]	芸術；技術
article	[男]	記事；論文；商品
artiste	[名]	芸術家
asseoir (s')	[代動]	座る
assez	[副]	十分な（に）、かなり
attacher	[他動]	掛ける；（ベルトを）しめる
attendre	[他動]	待つ
attention	[女]	注意
faire attention à ~		…に気をつける
au, aux	→	à+le, à+les p.22 参照
aucun, e	[形]	（ne と）いかなる…もない
aujourd'hui	[副]	今日
aussi	[副]	同じくらい；…もまた
aussi ~ que …		… と同じくらい ~ だ
auto	[女]	自動車
autobus	[男]	路線バス
automne	[男]	秋
autre	[形]	他の、別の
avant	[前]	…の（de する）前に；以前
avant-hier	[副]	一昨日
avec	[前]	…と一緒に
avenir	[男]	将来、未来
avion	[男]	飛行機
avocat, e	[名]	弁護士；[男] アボカド
avoir	[他動]	持つ、持っている
avril	[男]	4月

B

bagage	[男]	荷物
bague	[女]	指輪
baguette	[女]	バゲット（パン）；箸、棒
baigner (se)	[代動]	水浴びをする；風呂に入る
Bangkok	[固]	バンコク（都市名）

banque	[女]	銀行
bas, se	[形]	低い
bateau	[男]	船、ボート
beau	[形]	美しい
bel (男性第2形), belle, beaux, belles		
beaucoup	[副]	たくさんの；とても
bébé	[男]	赤ちゃん
bel, belle	→	beau
belge	[形]	ベルギーの
	[名]	ベルギー人（B～）
Belgique	[固女]	ベルギー
Berlin	[固]	ベルリン（都市）
Bernard	[固男]	ベルナール（人名）
besoin	[男]	必要
avoir besoin de ~		…を必要とする
beurre	[男]	バター
bibliothèque	[女]	図書館、書架
bicyclette	[女]	自転車
bien	[副]	よく、上手く
bière	[女]	ビール
billet	[男]	切符；紙幣
biologie	[女]	生物学
blanc, che	[形]	白い
bleu, e	[形]	青い
boire	[他動]	飲む
bois	[男]	森；木、木材
boisson	[女]	飲み物
boîte	[女]	箱
bonbon	[男]	飴、キャンディー
bonjour	[男]	おはよう、こんにちは
bonsoir	[男]	こんばんは
bord	[男]	沿岸；縁、へり
Boulogne	[固]	ブローニュの森（bois de ～）
bouquet	[男]	ブーケ、花束
Bourgogne	[固]	ブルゴーニュ地方
bouteille	[女]	瓶

boutique	[男]	店、小売店
brosser (se)	[代動]	（ブラシで）磨く
bruit	[男]	音、騒音
brun, e	[形]	茶色い
Bruxelles	[固]	ブリュッセル（都市）
bureau	[男]	会社、事務所；書斎机
bus	[男]	バス

C

ça	→	cela
cadeau (複 -x)	[男]	贈り物、プレゼント
café	[男]	コーヒー；カフェ、喫茶店
cahier	[男]	ノート
camarade	[名]	仲間、クラスメイト
campagne	[女]	田舎
Canada	[固男]	カナダ
canadien, ne	[形]	カナダの
	[名]	カナダ人（C〜）
capitale	[女]	首都
carnet	[男]	回数券；手帳
carotte	[女]	にんじん
carte	[女]	身分証明書；メニュー；地図
		クレジットカード；絵葉書
casser	[他動]	割る、折る、壊す
cathédrale	[女]	大聖堂
Catherine	[固女]	カトリーヌ（人名）
CD	[男]	disque compact の略
ce	[代]	これ（ら）、それ（ら）、あれ（ら）
ce	[形]	この、その、あの
cet, cette, ces		（指示形容詞）p.18 参照
ceci	[代]	これ
Cécile	[固女]	セシル（人名）
ceinture	[女]	（シート）ベルト；帯
cela	[代]	あれ、それ（ça は cela の略）
célèbre	[形]	有名な
célibataire	[形]	独身の

celle, celles	→	celui
celui,	[代]	これ (-ci)、あれ (-là)、それ
celle, ceux, celles		（指示代名詞）p.38参照
cent	[形]	100、100の
ces	→	ce
cesse	[女]	中止、中断
sans cesse		絶えず、しょっちゅう
cet, cette	→	ce
ceux	→	celui
chaise	[女]	イス
chaleur	[女]	熱、暑さ
chambre	[女]	部屋、寝室
champagne	[男]	シャンパン（C〜 地方名）
Champs-Élysées	[固男]	（複）シャンゼリゼ通り
chance	[女]	幸運、チャンス
changer	[他動]	…を変える；（de を）変える
chanson	[女]	歌
Chantal	[固女]	シャンタル（人名）
chanter	[自動]	歌う
chanteur, se	[名]	歌手
chapeau	[男]	帽子
chaque	[形]	各、…ごとに
Charlotte	[固女]	シャルロット（人名）
charmant, e	[形]	魅力的な、すてきな
chat, te	[名]	猫
château	[男]	城
chaud, e	[形]	熱い、暑い、暖かい
chaussette	[女]	靴下
chaussure	[女]	靴
chef-d'œuvre	[男]	傑作、代表作
chemin	[男]	道、経路
chemise	[女]	Yシャツ
cher, ère	[形]	高価な；親しい
Cherbourg	[固]	シェルブール（都市）
chercher	[他動]	…を探す；aller 〜 迎えに行く
cheveu (複 -x)	[男]	髪

chez	[前]	…の家（店・国）に・で	comprendre	[他動]	…がわかる、理解する
chic	[形]	おしゃれな、粋な	compter	[他動]	数える
chien, ne	[名]	犬	compter sur ～		…を当てに（頼りに）する
Chine	[固女]	中国	concert	[男]	コンサート
chinois	[男]	中国語	condition	[女]	条件；調子；体調
chinois, e	[形]	中国の	à condition que ～		…という条件で
	[名]	中国人（C～）	conduire	[他動]	運転する；導く
chocolat	[男]	チョコレート；ココア	confiance	[女]	信頼、信用
choisir	[他動]	…を選ぶ、選択する	avoir confiance en ～		…を信頼している
chose	[女]	（漠然と）もの、こと	confiture	[女]	ジャム
chou (複 -x)	[男]	キャベツ	confortable	[形]	快適な
Christine	[固女]	クリスティーヌ（人名）	connaître	[他動]	…を知っている
ciel	[男]	空	conseil	[男]	助言、アドバイス
cinéaste	[名]	映画監督	conseiller	[他動]	…を勧める、助言する
cinq	[形]	5、5つの	construire	[他動]	…を建てる、建設する
cinquante	[形]	50、50の	content, e	[形]	満足している
cinquième	[形]	5番目の：5分の1	continuer	[他動]	…を続ける
cité	[女]	都市、都会	copain, copine	[名]	友達
citron	[男]	レモン	Corée (du Sud)	[固女]	韓国
Claire	[固女]	クレール（人名）	Corée (du Nord)	[固女]	北朝鮮
classe	[女]	教室、クラス	coréen	[男]	朝鮮語
clé, clef	[女]	鍵	coréen, ne	[形]	朝鮮の；韓国の
Clément	[固男]	クレマン（人名）		[名]	朝鮮人（C～）
cœur	[男]	心臓；心	correct, e	[形]	正しい
cognac	[男]	ブランデー（C～ 地方名）	corriger	[他動]	…を直す、訂正する
collège	[男]	中学校	côté	[男]	方面、側
collègue	[名]	同僚、同業者	à côté de ～		…の隣に
collier	[男]	ネックレス	cou	[男]	首
combien	[副]	いくつ；いくら（疑問副詞）	coucher (se)	[代動]	寝る
comme	[接]	…のように；…として；	couleur	[女]	色
		…なので	coup	[男]	（殴打や蹴りの）一撃
commencer	[自動]	（à～ し）始める；始まる	couper	[他動]	切る
comment	[副]	どんな、どのように（疑問副詞）	cour	[女]	中庭
commun, e	[形]	共通の；公共の	courage	[男]	勇気
complètement	[副]	完全に	courageux, se	[形]	勇敢な
composer	[他動]	組み立てる；作曲する	courir	[自動]	走る

4

cours	[男]	授業；流れ	
course	[女]	走ること；（複）買い物	
faire des courses		買い物をする	
court, e	[形]	短い	
cousin, e	[名]	いとこ	
couteau	[男]	ナイフ	
coûter	[自動]	値段が…する	
couvrir	[他動]	…を覆う	
craindre	[他動]	恐れる；心配する	
cravate	[女]	ネクタイ	
crayon	[男]	鉛筆	
crêpe	[女]	クレープ	
croire	[他動]	…だと信じる；思う	
croissant	[男]	クロワッサン；三日月	
cuisine	[女]	料理；台所	
cuisinier, ère	[名]	料理人	
culture	[女]	文化	

D

d'abord	[副句]	まず、最初に
d'accord	[副句]	了解、オーケー
dame	[女]	貴婦人、女性
danger	[男]	危険
dangereux, se	[形]	危ない
dans	[前]	…の中に、中で、中へ； （時間）…後に
danser	[自動]	踊る
de	[前]	…から；…の；…について
débarquer	[自動]	上陸する、下船する
début	[男]	最初、冒頭
au début de～		…のはじめに
décembre	[男]	12月
décider	[他動]	決める
décollage	[男]	離陸
déjà	[副]	もう、すでに
déjeuner	[男]	昼食

	[自動]	昼食をとる
petit déjeuner		朝食
de la, de l'	→	du（部分冠詞）
Défense (la)	[固女]	デファンス地区
demain	[副]	明日
demander	[他動]	…を尋ねる；求める、頼む
déménager	[他動]	引っ越す
demi, e	[名]	半分、2分の1
dent	[女]	歯
départ	[男]	出発
dépêcher (se)	[代動]	急ぐ
depuis	[前]	…から
dernier, ère	[形]	最後の、最新の
derrière	[前]	…の後ろに
des	→	un（不定冠詞）
des	→	de+les p.22 参照
descendre	[自動]	降りる；…に泊まる
dessert	[男]	デザート
dessiner	[他動]	デッサンする、描く
deux	[形]	2、2つの
deuxième	[形]	2番目の
devant	[前]	…の前に
devenir	[自動]	…になる
devoir	[他動]	…しなければならない
devoirs	[男複]	宿題
dialogue	[男]	対話
dictée	[女]	ディクテ、書き取り
dictionnarie	[男]	辞書
différent, e	[形]	（de とは）異なる、違う
difficile	[形]	難しい
dimanche	[男]	日曜日
dîner	[男]	夕食
	[自動]	夕食をとる
dire	[他動]	言う、伝える、教える
dix	[形]	10、10 の
dix-huit	[形]	18、18 の

dix-neuf	[形]	19、19 の
dix-neuvième	[形]	19番目の；19分の1
dix-sept	[形]	17、17 の
dixième	[形]	10番目の；10分の1
doigt	[男]	指
dommage	[男]	残念なこと
Dominique	[固]	ドミニク（人名：男・女）
donc	[接]	それゆえ、だから
donner	[他動]	与える、教える
donner sur ～		…に面する
dont	[代]	その（関係代名詞 p.38）
dormir	[自動]	眠る
dossier	[男]	書類；ファイル
douche	[女]	シャワー
douter	[自動]	疑う、信用しない
doux, douce	[形]	甘い；優しい
douze	[形]	12、12 の
droit	[男]	法学；権利
droit	[副]	真っ直ぐに
tout droit		真っ直ぐに
droite	[女]	右、右側
à droite de		…の右に
du, de la, de l'	[冠]	いくらかの（部分冠詞）
du	→	de+le の縮約形 p.22 参照
Dubois	[固]	デュボワ（姓）
Dupont	[固]	デュポン（姓）
Durand	[固]	デュラン（姓）

E

eau（複 -x）	[女]	水
écharpe	[女]	マフラー
éclair	[男]	稲妻；エクレア
éclater	[自動]	爆発する；勃発する
école	[女]	学校、（特に）小学校
école élémentaire		小学校
école maternelle		幼稚園

écolier, ère	[名]	小学生
économie	[女]	経済；節約
écouter	[他動]	聞く、…の話を聞く
écrire	[他動]	（手紙やメールを）書く
écrivain	[男]	作家
égal, e（男複 ～aux）	[形]	等しい、平等な
égalité	[女]	平等
église	[女]	教会
Eiffel	[固]	エッフェル（姓）
Tour Eiffel (la)		エッフェル塔
éléphant	[男]	象
élève	[名]	生徒
elle	[代]	彼女は、それは（主語）
		彼女、それ（強勢形）
elles	[代]	彼女らは、それらは（主語）
		彼女ら、それら（強勢形）
e-mail	[男]	Eメール、電子メール
Éliette	[固女]	エリエット（人名）
émission	[女]	番組、放送
Emma	[固女]	エマ（人名）
employé, e	[名]	従業員、会社員（～ de bureau）
employer	[他動]	…を使う、雇う
emporter	[他動]	持ち去る、持ち帰る
en	[前]	…に、…で、…へ
		…かかって（所要時間）
en	[代]	それを（中性代名詞）
enchanté, e	[形]	初めまして
encore	[副]	まだ；再び
enfance	[女]	子供時代
enfant	[名]	子供（un / une ～）
ensemble	[副]	一緒に
entendre	[他動]	…が聞こえる
entre	[前]	…の間に
entre A et B		AとBの間に
entrée	[女]	前菜；玄関、入口
entreprise	[女]	企業

entrer	[自動]	入る
envie	[女]	欲求
avoir envie de 〜		…が欲しい、…したい
envoyer	[他動]	…を送る
époque	[女]	時代、時期
Éric	[固男]	エリック（人名）
erreur	[女]	間違い
escalier	[男]	階段
escalier roulant		エスカレーター
Espagne	[固女]	スペイン
espanol	[男]	スペイン語
espanol, e	[形]	スペインの
	[名]	スペイン人 (E〜)
espérer	[他動]	…を望む、期待する
essayer	[他動]	…を試す、試着する
est	[男]	東
et	[接]	…と、そして
etc.	→	…など (= et caetera)
étage	[男]	階
état	[男]	国家；状態
États-Unis	[固男]	（複）アメリカ合衆国
été	[男]	夏
étoile	[女]	星
étourdi, e	[形]	軽率な、だらしない
étrang*er, ère*	[形]	外国の
	[名]	外国人
être	[自動]	…である；…にある・いる
étude	[女]	勉強、研究
étudiant, e	[名]	（大学の）学生
étudier	[他動]	…を勉強する
euh	[間]	えーと
euro	[男]	ユーロ
européen, ne	[形]	ヨーロッパの
eux	[代]	彼ら、それら
examen	[男]	試験
excellent, e	[形]	素晴らしい

excuser	[他動]	…を許す；弁護する
Excusez-moi.		失礼、ごめんなさい.
expliquer	[他動]	説明する

F

Fabrice	[固男]	ファブリス（人名）
fabriquer	[他動]	…を製造する
fac	→	faculté
fâcher (se)	[代動]	怒る
facile	[形]	簡単な、やさしい
façon	[女]	方法、やり方、流儀
de toute façon		いずれにせよ
faculté	[女]	大学、学部；能力
faible	[形]	弱い
faim	[女]	空腹
avoir faim		お腹が空いている
faire	[他動]	する；作る；…させる（使役）
il fait 〜		天気が…だ
falloir	[非動]	（以下の表現で）
il faut 〜		…しなければならない；…が必要だ
famille	[女]	家族
fantastique	[形]	幻想的な、ファンタジーの
fatigué, e	[形]	疲れた
faute	[女]	間違い、ミス
femme	[女]	女；妻
fenêtre	[女]	窓
fermer	[他動]	…を閉める
fête	[女]	祝祭；パーティー
feu	[男]	火；信号
février	[男]	2月
fièvre	[女]	熱
fille	[女]	娘；女の子
film	[男]	映画
fils	[男]	息子
fin	[女]	終わり
finir	[他動]	…を終える；[自動] 終わる

fleur	[女]	花
fleurir	[自動]	花をつける；開花する
fleuve	[男]	河；大河
flûte	[女]	フルート
fois	[女]	…回
à la fois		一度に
fol, folle	→	fou
fonder	[他動]	創設する
football	[男]	サッカー
forêt	[女]	森、森林
fort	[副]	強く；大声で
fou	[形]	気の狂った；熱狂した
fol (男性第2形), folle, fous, folles		
frais, fraîche	[形]	ひんやりとした；新鮮な
fraise	[女]	イチゴ
français	[男]	フランス語
français, e	[形]	フランスの
	[名]	フランス人（F〜）
France	[固女]	フランス（共和国）
François	[固男]	フランソワ（人名）
Françoise	[固女]	フランソワーズ（人名）
francophone	[名]	フランス語を話す人
francophonie	[女]	フランス語圏
fraternité	[女]	友愛
Frédéric	[固男]	フレデリック（人名）
fréquenter	[他動]	よく行く、頻繁に通う
frère	[男]	兄、弟
frigo	[男]	冷蔵庫
frites	[女複]	フライドポテト
froid	[男]	寒さ；風邪
avoir froid		寒く感じる
froid, e	[形]	冷たい、寒い
il fait froid.		（天候が）寒いです.
fromage	[男]	チーズ
fruit	[男]	果物
fumer	[自動]	タバコを吸う

G

gagner	[他動]	勝つ；稼ぐ
garçon	[男]	男の子；ボーイ
garder	[他動]	守る；世話をする
gare	[女]	駅
gâteau (複 -x)	[男]	菓子、ケーキ
gauche	[女]	左、左側
à gauche de 〜		…の左に
général, e (男複 -aux)	[形]	一般的な；全国の
gens	[男複]	人々、人たち
gentil, le	[形]	親切な
géographie	[女]	地理（学）
Georges	[固男]	ジョルジュ（人名）
glace	[女]	氷、アイスクリーム；鏡
golf	[男]	ゴルフ
gomme	[女]	消しゴム
gorge	[女]	のど
grand-mère	[女]	祖母
grand-père	[男]	祖父
grand, e	[形]	大きい
grands-parents	[男複]	祖父母
gris, e	[形]	グレーの
gronder	[他動]	叱る
gros, se	[形]	太った、大きな
grossir	[自動]	太る
guide	[男]	案内；ガイドブック
Gustave	[固男]	ギュスターヴ（人名）
Gutenberg	[固]	グーテンベルク（姓）

H

habiller (s')	[代動]	服を着る、着替えをする
habitation	[女]	住居、住宅
habiter	[他動]	…に住む；（à に）住んでいる
habitude	[女]	習慣
d'habitude		普段、いつもは
haut	[副]	大声で；はっきりと

La fotêt 語彙集

haut, e	[形]	高い
haute couture		オートクチュール（高級仕立服）
Hélène	[固女]	エレーヌ（人名）
Henri	[固男]	アンリ（人名）
herbe	[女]	草、ハーブ
héros, héroïne	[名]	英雄；主人公
heure	[女]	時間；～時
à l'heure		定刻に
heureusement	[副]	幸運にも、ラッキーなことに
heureux, se	[形]	幸せな
hier	[副]	昨日
histoire	[女]	歴史；物語
hiver	[男]	冬
homme	[男]	男；人間
Honfleur	[固]	オンフルール（都市）
hôpital	[男]	病院
hôtel	[男]	ホテル；館
huile	[女]	油、オイル
huit	[形]	8、8つの
huitième	[形]	8番目の；8分の1

I

ici	[副]	ここ
idée	[女]	思いつき、アイディア
il	[代]	彼は、それは
il y a ～		…がある；（時間）…前に
île	[女]	島
ils	[代]	彼らは、それらは（主語）
immédiat, e	[形]	即時の
immédiatement	[副]	すぐに、直ちに
important, e	[形]	重要な
importer	[自動]	重要である
n'importe qui / quoi		誰でも・何でも
impossible	[形]	不可能な
impression	[女]	印象
imprimerie	[女]	印刷（術）

indispensable	[形]	欠くことのできない
informations	[女複]	（テレビ等の）ニュース
inquiéter (s')	[代動]	心配する
instant	[男]	瞬間、束の間
dans un instant		間もなく、すぐに
intelligent, e	[形]	頭のいい
interdit, e	[形]	禁じられた
intéressant, e	[形]	面白い、興味深い
intéresser (s')	[代動]	（à に）興味を持つ
international, e (男複 -aux)	[男]	国際的な
inventer	[他動]	発明する、作り出す
inviter	[他動]	招待する
Isabelle	[固女]	イザベル（人名）
Italie	[固女]	イタリア
italien	[男]	イタリア語
italien, ne	[形]	イタリアの
	[名]	イタリア人（I～）

J

Jacques	[固男]	ジャック（人名）
jamais	→	ne ～ jamais
jambe	[女]	脚
Janine	[固女]	ジャニーヌ（人名）
janvier	[男]	1月
Japon	[固男]	日本
japonais	[男]	日本語
japonais, e	[形]	日本の
	[名]	日本人（J～）
jardin	[男]	庭、庭園
jaune	[形]	黄色い
jazz	[男]	ジャズ
je	[代]	私は（主語）
Je vous en prie.		どういたしまして.
Jean	[固男]	ジャン（人名）
Jeanne	[固女]	ジャンヌ（人名）
Jeanne d'Arc		ジャンヌ・ダルク

jeu (複 -x)	[男]	ゲーム；遊び	
Jeux Olympiques		オリンピック大会	
jeudi	[男]	木曜日	
jeune	[形]	若い	
jogging	[男]	ジョギング	
joli, e	[形]	きれいな、かわいい	
jouer	[自動]	遊ぶ；演じる、プレイする	
jouer à 〜		…で遊ぶ；する（球技等）	
jouer de 〜		…を演奏する（楽器等）	
jour	[男]	一日、昼間、曜日	
ce jour-là		その日	
ces jours-ci		最近	
l'autre jour		先日	
tous les jours		毎日	
un autre jour		別の日に	
un de ces jours		近いうちに	
journal (複 -aux)	[男]	新聞	
journaliste	[名]	記者；ジャーナリスト	
journée	[女]	一日、日中	
toute la journée		一日中	
judo	[男]	柔道	
juillet	[男]	7月	
juin	[男]	6月	
Julie	[固女]	ジュリー（人名）	
Julien	[固男]	ジュリアン（人名）	
Juliette	[固女]	ジュリエット（人名）	
jupe	[女]	スカート	
jus	[男]	果汁	
jus de fruits		フルーツジュース	
jusqu'à	[前]	…まで	
jusqu'à ce que		…するまで	

K

kilo	[男]	キログラム	
un kilo de		1キロの…	
kilomètre	[男]	キロメートル	

L

la	→	le（定冠詞）	
là	[副]	そこ、あそこ	
là-bas / là-haut		あそこに	
laisser	[形]	残す；ゆだねる；見逃す	
lait	[男]	牛乳、ミルク	
langue	[女]	言語；舌	
large	[形]	広い、ゆったりした	
laquelle	→	lequel	
Laurent	[固男]	ロラン（人名）	
laver (se)	[代動]	（自分の…を）洗う	
le, la, les	[冠]	その、…というもの（定冠詞）	
	[代]	彼[女]（ら）／それ（ら）を（直接目的）	
le	[代]	そのこと（中性代名詞）	
Leblanc	[固]	ルブラン（姓）	
leçon	[女]	授業、課	
lég*er, ère*	[形]	軽い	
Legrand	[固]	ルグラン（姓）	
légumes	[男複]	野菜	
lendemain (le)	[男]	翌日	
lentement	[副]	ゆっくり	
lequel, laquelle, lesquels, lesquelles			
	[代]	…のうちのどれ・誰（疑問代名詞）	
		…するところの（関係代名詞）	
les	→	le（定冠詞）	
lesquels, lesquelles	→	lequel	
lettre	[女]	手紙；文字	
leur, leurs	[形]	彼[女]らの、それらの（所有形容詞）	
leur	[代]	彼[女]らに（間接目的）	
lever (se)	[代動]	起きる；（日が）昇る	
liberté	[女]	自由	
librairie	[女]	本屋	
libre	[形]	自由な；暇な	
lieu (複 -x)	[男]	場所	
avoir lieu		…が行われる、開催する	
lire	[他動]	読む	

littérature	[女]	文学
livre	[男]	本
loi	[女]	法律；法則
loin	[副]	(de から) 遠くに、離れて
Loire (la)	[固]	ロワール河
Londres	[固]	ロンドン（都市）
long, gue	[形]	長い
longtemps	[副]	長い時間
loto	[男]	ロト、宝くじ
Louis	[固男]	ルイ（人名）
Louise	[固女]	ルイーズ（人名）
lourd, e	[形]	重い
Louvre	[固男]	ルーヴル美術館
Luc	[固男]	リュック（人名）
lui	[代]	彼[女]に（間接目的）
		彼（強勢形）
lumière	[女]	光；灯
lundi	[男]	月曜日
lune	[女]	月
lunettes	[女複]	眼鏡
lycée	[男]	高校
lycéen, ne	[名]	高校生
Lyon	[固]	リヨン（都市）

M

ma	→	mon
macaron	[男]	マカロン
madame (複 mesdames)		
	[女]	女性に対する敬称
mademoiselle (複 mesdemoiselles)		
	[女]	未婚女性に対する敬称
magasin	[男]	商店
grand magasin		デパート
mai	[男]	5月
main	[女]	手
maintenant	[副]	今、今から

mairie	[女]	市役所
mais	[接]	しかし
maison	[女]	家
mal (複 maux)	[男]	痛み；悪
avoir mal à ～		…が痛い
pas mal		（体調が）まあまあだ
malade	[形]	病気の
malheureusement	[副]	残念なことに
malheureux, se	[形]	不幸な
manga	[男]	マンガ
manger	[他動]	食べる
manquer	[他動]	…に乗り遅れる
	[自動]	(de を) 欠く、不足している
manteau (複 -x)	[男]	コート
maquillage	[男]	化粧
marché	[男]	市場
marché aux Puces		蚤の市；骨董市
marcher	[自動]	歩く；（物事が）うまく運ぶ
mardi	[男]	火曜日
mari	[男]	夫
Marie	[固女]	マリー（人名）
marié, e	[形]	既婚の
marier (se)	[代動]	結婚する
se marier avec ～		…と結婚する
marron	[男]	栗
	[形]	栗色の
mars	[男]	3月
Marseillaise (la)	[固女]	ラ・マルセイエーズ（フランス国歌）
Marseille	[固]	マルセイユ（都市）
match	[男]	試合
Mathilde	[固女]	マチルド（人名）
matin	[男]	朝、午前
mauvais, e	[形]	悪い；まずい
il fait mauvais.		天気が悪い.
maux	→	mal
me	[代]	私を、私に（直接・間接目的）

méchant, e	[形]	意地悪な
médecin	[男]	医者
médecine	[女]	医学
meilleur, e	[形]	よりよい；よりおいしい
melon	[男]	メロン
menthe	[女]	ミント
menu	[男]	コース料理、定食
mer	[女]	海
merci	[男]	ありがとう
mercredi	[男]	水曜日
mère	[女]	母
mes	→	mon
messieurs	→	monsieur
météo	[女]	天気予報
métro	[男]	地下鉄
mettre	[他動]	…を置く；入れる；つける
Michel	[固男]	ミシェル（人名）
midi	[男]	正午
Midi (le)	[固男]	南フランス
mien, mienne, miens, miennes		
	[代]	私のもの（所有代名詞）
mieux	[副]	よりよく；よりうまく
C'est mieux.		その方が良い.
mignon, ne	[形]	かわいい
milieu	[男]	真ん中、中心
au milieu de ～		…の真ん中に
mille	[形]	1000、1000の
mince	[形]	薄い、ほっそりした
minéral, e (男複 -aux) [形]		鉱物の
minuit	[男]	午前零時
minute	[女]	分
misérable	[形]	惨めな、哀れな
moderne	[形]	近代の、現代の
moi	[代]	私（強勢形）
moins	[副]	より少なく
moins ～ que …		…ほど～でない

à moins que ～		…でなければ
mois	[男]	（暦の）月；1ヶ月
moment	[男]	瞬間、時機
en ce moment		現在、今
pour le moment		当面、さしあたり
mon, ma, mes	[形]	私の（所有形容詞）
monde	[男]	世界；人、人々
beaucoup de monde		多くの人々
tout le monde		みんな、全員
mondial, e (男複 -aux) [形]		世界の
Monet	[固男]	モネ（Claude Monet 画家）
monsieur (複 messieurs)		
	[男]	男性に対する敬称
mont	[男]	山
Mont Fuji (le)		富士山
Mont-Saint-Michel		モン＝サン＝ミシェル（地名）
montagne	[女]	山
monter	[自動]	登る、上がる
montre	[女]	腕時計
montrer	[他動]	…を見せる；示す
moquer (se)	[代動]	(de を) ばかにする
mort, e	[形]	死んだ
moto	[女]	オートバイ、バイク
mouchoir	[男]	ハンカチ
mourir	[自動]	死ぬ
mouton	[男]	羊
mouvement	[男]	動き、運動
moyen	[男]	手段、方法；資金
mur	[男]	壁；塀
mûr, e	[形]	熟した；成熟した
musée	[男]	美術館
musicien, ne	[名]	音楽家
musique	[女]	音楽

N

nager	[自動]	泳ぐ

naître, naitre	[自動]	生まれる
natal, e (男複 natals)	[形]	生誕の
Nathalie	[固女]	ナタリー（人名）
nationalité	[女]	国籍
nature	[女]	自然
ne (〜 pas)	[副]	…ない（否定）
ne 〜 jamais		決して（一度も）…ない
ne 〜 ni A ni B		A も B も…ない
ne 〜 pas		…ではない
ne 〜 pas du tout		全然…ない
ne 〜 pas encore		まだ…ない
ne 〜 personne		誰も…ない
ne 〜 plus		もう…ない
ne 〜 que		…しかない
ne 〜 rien		何も…ない
né, e	[形]	生まれた
neige	[女]	雪
neiger	[非動]	雪が降る
il neige.		雪が降っている.
neuf	[形]	9、9つの
neu*f, ve*	[形]	新品の
neuvième	[形]	9番目の；9分の1
neveu (複 -x)	[男]	甥
ni	→	ne 〜 ni A ni B
Nicolas	[固男]	ニコラ（人名）
Nicole	[固女]	ニコル（人名）
nièce	[女]	姪
Noël	[男]	クリスマス
noir, e	[形]	黒い
nom	[男]	名前、姓
nombre	[男]	数
nombreu*x, se*	[形]	数多くの
non	[副]	いいえ
nord	[男]	北
Normandie	[固]	ノルマンディー地方
nos	→	notre

notre, nos	[形]	私たちの（所有形容詞）
nôtre, nôtres	[代]	私たちのもの（所有代名詞）
Notre-Dame	[固]	ノートルダム大聖堂
nous	[代]	私たち
		[主語／直接・間接目的／強勢形]
nouveau	[形]	新しい
nouvel (男性第2形), nouvelle, nouveaux, nouvelles		
novembre	[男]	11月
nuage	[男]	雲
nuit	[女]	夜
il fait nuit.		夜になる.
numéro	[男]	番号、ナンバー

O

obéir	[自動]	(à に) 従う
occupé, e	[形]	忙しい
octobre	[男]	10月
œil (複 yeux)	[男]	目
œuf	[男]	卵
office	[男]	事務所、営業所
office du tourisme		観光案内所
offrir	[他動]	…を贈る、プレゼントする
oh là là	[間]	おやおや、あらあら
oiseau (複 -x)	[男]	鳥
ombre	[女]	日陰
omelette	[女]	オムレツ
on	[代]	人は；私たちは（主語）
oncle	[男]	おじ
onze	[形]	11、11の
Opéra	[固]	オペラ座（= 〜 Garnier）
opérer	[他動]	手術する；操作する
or	[男]	金
orage	[男]	雷雨、嵐
orange	[女]	オレンジ
	[形]	オレンジ色の
ordinateur	[男]	コンピュータ

oreille	[女]	耳		[自動]	立ち寄る
Orsay	[固]	オルセー美術館	pâtes	[女複]	パスタ
ou	[接]	または、あるいは	patience	[女]	忍耐力、我慢
où	[副]	どこに、どこへ（疑問副詞）	pâtisserie	[女]	菓子屋；ケーキ屋
	[代]	…するところの（関係代名詞）	pâtissier, ère	[名]	ケーキ職人、パティシエ
oublier	[他動]	忘れる	Patrice	[固男]	パトリス（人名）
ouest	[男]	西	Patricia	[固女]	パトリシア（人名）
oui	[副]	はい	patron	[男]	経営者、社長
outil	[男]	道具、工具	Paul	[固男]	ポール（人名）
ouvert, e	[形]	開いた；開店中	Pauline	[固女]	ポーリーヌ（人名）
ouvrir	[他動]	開く、あける	pauvre	[形]	貧乏な；かわいそうな
			pays	[男]	国；地方、地域
P			Pays-Bas	[固男]	（複）オランダ
page	[男]	ページ	paysage	[男]	景色、風景
pain	[男]	パン	pêche	[女]	釣り、漁；（果実の）桃
pantalon	[男]	ズボン	peine	[女]	苦しみ；骨折り
Panthéon	[固男]	パンテオン（パリの名所）	Ce n'est pas la peine.		それにはおよびません.
par	[前]	…によって；通して；ごとに	peindre	[他動]	（絵を）描く；塗る
parapluie	[男]	傘	peinture	[女]	絵画
parc	[男]	公園	pendant	[前]	…の間
parce que	[接]	…なので；なぜならば	penser	[他動]	（à について）考える
pardon	[男]	失礼；もう一度言って下さい.	perdre	[他動]	失う、なくす
pareil, le	[形]	同じ	père	[男]	父
parents	[男複]	両親	période	[女]	時期、期間、時代
parfum	[男]	香り；香水	Perrier	[固男]	ペリエ（炭酸水の銘柄）
Paris	[固男]	パリ（都市）	personne	[女]	人
parking	[男]	駐車場	petit, e	[形]	小さい
parler	[自動]	話す、しゃべる	peu	[副]	ほとんどない
parler à ～		…に話す	un peu (de～)		少し（の…）
parler de ～		…について話す	peur	[女]	恐怖、恐れ
partager	[他動]	…を共有する；分ける	avoir peur		（de が）怖い、心配だ
partir	[自動]	出発する	peut-être	[副]	…かもしれない
à partir de ～		（現在・未来を基点に）…から	pharmacie	[女]	薬局
Pascal	[固男]	パスカル（人名）	Philippe	[固男]	フィリップ（人名）
passé	[男]	過去、昔	philosophie	[女]	哲学
passer	[他動]	…を過ごす；渡す	photo	[女]	写真

photographe	[名]	カメラマン		pomme de terre		じゃがいも
phrase	[女]	文、フレーズ		pont	[男]	橋
physique	[女]	物理学		portable	[男]	携帯電話
pianiste	[名]	ピアニスト		porte-monnaie	[男]	小銭入れ
piano	[男]	ピアノ		portefeuille	[男]	財布（札入れ）
Picasso	[固男]	ピカソ（人名）		porter	[他動]	身につける；運ぶ
pied	[男]	足		poser	[他動]	置く；提示する
à pied		徒歩で		positif, ve	[形]	積極的な、前向きな
Pierre	[固男]	ピエール（人名）		possible	[形]	可能な、できる
pin	[男]	松		postal, e	[形]	郵便の
pipe	[男]	パイプ（喫煙具）		poste	[女]	郵便局
pique-nique	[男]	ピクニック		pour	[前]	…に向かって；…のために
piscine	[女]	プール		pourquoi	[副]	なぜ（疑問副詞）
place	[女]	場所、空間；広場；立場		pouvoir	[他動]	…できる
plage	[女]	ビーチ、砂浜		préférer	[他動]	（à よりも）…をより好む
plaire	[自動]	（à の）気に入る		premier, ère	[形]	最初の、第1の
s'il vous plaît.		お願いします.		prendre	[他動]	とる；注文する；食べる
plaisir	[男]	喜び				飲む；（乗り物に）乗る
avec plaisir		喜んで		préparer	[他動]	準備する
plan	[男]	計画；（町の）地図		près	[副]	（de の）近くに
plat	[男]	料理		présent	[男]	現在、今
plat du jour		本日のおすすめ料理		à présent		今では
plat principal		メインディッシュ		présenter	[他動]	紹介する
plein, e	[形]	（de で）いっぱいの、満員の		président, e	[名]	大統領；会長；議長
pleurer	[自動]	泣く		prêter	[他動]	（à に）…を貸す
pleuvoir	[非動]	雨が降る		prince	[男]	王子
il pleut.		雨が降っている.		princesse	[女]	王女
pluie	[女]	雨		principal, e (複 -aux)	[形]	主要な
plus	[副]	より多く		printemps	[男]	春
plus ～ que …		…よりもっと～だ		prix	[男]	賞；値段
poire	[女]	梨		problème	[男]	問題
poison	[男]	毒		prochain, e	[形]	この次の、今度の
poisson	[男]	魚		prochainement	[副]	近いうちに
poivre	[男]	胡椒		professeur	[男]	教師、先生；教授
pôle	[男]	極；極地（Pôle Nord 北極）		profession	[女]	職業
pomme	[女]	りんご		projet	[男]	計画

promenade	[女]	散歩（道）
promener (se)	[代動]	散歩する
proposition	[女]	提案
public, que	[形]	公共の；公の
puisque	[接]	…だから、なので
pull	[男]	セーター

Q

quand	[副]	いつ（疑問副詞）
	[接]	…するときに、…のとき
quarante	[形]	40、40の
quart	[男]	4分の1；15分
trois quarts d'heure		45分
quartier	[男]	地区、界隈
quatorze	[形]	14、14の
quatre	[形]	4、4つの
quatre-vingt-dix	[形]	90、90の
quatre-vingts	[形]	80、80の
quatrième	[形]	4番目の
que	[代]	何（疑問代名詞）
qu'est-ce que		何；何を
qu'est-ce qui		何が
que	[代]	…するところの（関係代名詞）
que	[接]	…ということ
quel	[形]	どんな、何の（疑問形容詞）
quelle, quels, quelles		（感嘆文で）なんて…！
quelque(s)	[形]	いくつかの
quelque chose		何か（＝samething）
quelqu'un	[代]	誰か
question	[女]	質問
qui	[代]	誰（疑問代名詞）
qui est-ce que		誰；誰を
qui est-ce qui		誰が
qui	[代]	…するところの（関係代名詞）
quinze	[形]	15、15の
quitter	[他動]	…を離れる、別れる

| quoi | [代] | 何（que の強勢形） |

R

raconter	[他動]	語る；話す
radio	[女]	ラジオ
raison	[女]	理由；理性
avoir raison		正しい
ranger	[他動]	片づける、整頓する
Raoul	[固男]	ラウル（人名）
rapide	[形]	速い
rapidement	[副]	素早く、急いで
rappeler	[他動]	…を呼び戻す；思い出す
rapport	[男]	報告、レポート
raser (se)	[代動]	ひげを剃る
réaliser	[他動]	実現する
recevoir	[他動]	受け取る
récolte	[女]	収穫（物）；採集
réfléchir	[自動]	熟考する、よく考える
regarder	[他動]	見る
région	[女]	地方、地域
règle	[女]	定規；規則
religion	[女]	宗教
rencontrer	[他動]	出会う
rendez-vous	[男]	会う約束、デート
avoir (un) rendez-vous avec ＋人		…と会う約束がある
rendre	[他動]	…を返す；…に変える
se rendre	[代動]	…へ行く
rentrer	[自動]	帰宅する
repas	[男]	食事
répondre	[他動]	（à に）答える、返事をする
reposer (se)	[代動]	休む、休憩する
république	[女]	共和国
réserver	[他動]	…を予約する
respecter	[他動]	…を尊敬する
restaurant	[男]	レストラン

rester	[自動]	…にとどまる、残る
résultat	[男]	結果
retard	[男]	遅れ、遅刻
en retard		遅れて
retourner	[自動]	…へ帰る、戻る
retrouver	[他動]	再び見いだす；取り戻す
réunion	[女]	会議、集会、会合
réussir	[他動]	（à に）成功する
réveiller (se)	[代動]	目覚める
revenir	[自動]	戻ってくる、帰ってくる
revoir	[他動]	…に再び会う
au revoir.		さようなら.
revue	[女]	雑誌
rez-de-chaussée	[男]	（建物の）1階
riche	[形]	金持ちの、裕福な
rien	[代]	何も…ない
De rien.		いいえ（どういたしまして）.
rivière	[女]	川
riz	[男]	米
robe	[女]	ワンピース；ドレス
rôle	[男]	役、役柄
roman	[男]	小説
rond, e	[形]	丸い
rose	[女]	薔薇
	[形]	ピンクの
rosé	[男]	ロゼワイン
Rotondo (la)	[固女]	ロトンド（老舗のカフェ）
Rouen	[固]	ルーアン（都市）
rouge	[形]	赤い
rouler	[自動]	回る；（車などが）走る
route	[女]	道路
rue	[女]	通り
russe	[男]	ロシア語
	[形]	ロシアの
	[名]	ロシア人（R〜）
Russie	[固女]	ロシア

rythme	[男]	リズム

S

sa	→	son
sac	[男]	バッグ
sac à dos		リュックサック
Sacré-Cœur	[固]	サクレ＝クール寺院
sage	[形]	賢い、聞き分けの良い
saison	[女]	季節
salade	[女]	サラダ
salle	[女]	会場、ホール
salon	[男]	居間、リビング
saluer	[他動]	…に挨拶する
salut	[間]	やあ、じゃあまた
samedi	[男]	土曜日
le samedi		毎土曜日
sans	[前]	…なしに
santé	[女]	健康
sauce	[女]	ソース
savoir	[他動]	…を知っている
science	[女]	科学
scolaire	[形]	学校[教育]の
se	[代]	自分を/に、互いに（再帰代名詞）
sec, sèche	[形]	乾いた；辛口の
second, e	[形]	2番目の
secret	[男]	秘密、内緒
secrétaire	[名]	秘書、事務職員
seize	[形]	16、16の
sel	[男]	塩
semaine	[女]	週
sept	[形]	7、7つの
septembre	[男]	9月
septième	[形]	7番目の；7分の1
sérieux, se	[形]	まじめな；深刻な
servir	[他動]	…に仕える；…を供する
se servir	[代動]	（de を）使う、用いる

ses	→	son
seul, e	[形]	ただ一つの、唯一の
seulement	[副]	…だけ、ただ単に
si	[副]	それほど、すごく
si	[接]	もし…なら
si nous (on) +半過去？		…するのはどう？
s'il vous[te] plaît		お願いします.
sien, sienne, siens, siennes		
	[代]	彼[女]のもの（所有代名詞）
siècle	[男]	世紀
signe	[男]	しるし、記号
site	[男]	風景、景勝地；サイト
six	[形]	6、6つの
sixième	[形]	6番目の；6分の1
situation	[女]	状況
smartphone	[男]	スマートフォン
social, e (男複 -aux)	[形]	社会の
sociologie	[女]	社会学
sœur	[女]	姉、妹
soif	[女]	（喉の）渇き
avoir soif		喉が渇いている
soir	[男]	晩、夕方、夜
soirée	[女]	夜、夜のパーティー
soixante	[形]	60、60の
soixante-dix	[形]	70、70の
soleil	[男]	太陽
sommeil	[男]	眠気
avoir sommeil		眠い
son, sa, ses	[形]	彼[女]の（所有形容詞）
sonner	[自動]	鳴る；呼び鈴を鳴らす
Sophie	[固女]	ソフィ（人名）
sortir	[自動]	出る、外に出る
souhaiter	[他動]	…を願う、望む
soupe	[女]	スープ
sous	[前]	…の下に
souvenir (se)	[代動]	(de を) 思い出す；覚えている

souvent	[副]	しばしば、よく
spectacle	[男]	公演、ショー
sport	[男]	スポーツ
sporti*f, ve*	[形]	スポーツ好きな
station	[女]	（地下鉄の）駅
styliste	[名]	デザイナー
stylo	[男]	ペン、万年筆
stylo à bille		ボールペン
succès	[男]	成功
sucre	[男]	砂糖
sud	[男]	南
Suisse	[固女]	スイス
suisse	[形]	スイスの
	[名]	スイス人 (S〜)
suite	[女]	続き
tout de suite		すぐに
suivre	[他動]	…に続く；受講する
sujet	[男]	主題、テーマ
supérette	[女]	コンビニ
supermarché	[男]	スーパーマーケット
sur	[前]	…の上に；…について；…に面している
sûr, e	[形]	確かな；確信している
bien sûr		もちろん
surgelé, e	[形]	冷凍の
surtout	[副]	とりわけ、特に
Sylvie	[固女]	シルヴィ（人名）
sympathique	[形]	感じのいい (略して sympa)

T

ta	→	ton
table	[女]	テーブル
tableau (複 -x)	[男]	絵；黒板
tant	[副]	非常に；多くの
tant pis !		残念！；仕方がない！
tante	[女]	おば

La fotêt 語彙集

tard	[副]	遅く
tarte	[女]	タルト
tasse	[女]	カップ
taxi	[男]	タクシー
te	[代]	君を、君に（直接・間接目的）
télé	[女]	テレビ（= télévision）
téléphoner	[自動]	（à に）電話をかける
temps	[男]	時；時間；天気
de temps en temps		時々
tennis	[男]	テニス
terminer	[他動]	…をやり終える
terrasse	[女]	テラス、露台
terre	[女]	地球；地面
par terre		地面に
tes	→	ton
tête	[女]	頭
T.G.V.	[固男]	train à grande vitesse
		（フランスの新幹線）
texte	[男]	本文、テキスト
thé	[男]	紅茶
théâtre	[男]	演劇；劇場
Thérèse	[固女]	テレーズ（人名）
thon	[男]	まぐろ；ツナ
ticket	[男]	（バスなどの）切符
tien, tienne, tiens, tiennes		
	[代]	君のもの（所有代名詞）
tiens	[間]	おや、あら
timide	[形]	内気な
toi	[代]	君（強勢形）
toilette	[女]	身支度、洗顔；（複）トイレ
faire sa toilette		洗顔[身支度]をする
tomate	[女]	トマト
tomber	[自動]	落ちる；転ぶ
Ça tombe bien !		ちょうどいい！
ton, ta, tes	[形]	君の（所有形容詞）
tort	[男]	間違い

avoir tort		間違っている
tôt	[副]	早く、早い時間に
toucher	[他動]	触れる；感動させる
toujours	[副]	いつも；相変わらず
tour	[男]	一周；順番
tour du monde		世界一周
tour	[女]	塔、タワー
touriste	[名]	観光客、旅行者
tourner	[自動]	曲がる
tout, toute, tous, toutes		
	[形]	すべての…；…全体
traduire	[他動]	翻訳する
train	[男]	列車、電車
tranquille	[形]	静かな、穏やかな
transport	[男]	運送；（複）交通[手段]
travail（複 -aux）[男]		仕事；勉強
travailler	[自動]	働く；勉強する
traverser	[他動]	…を横断する、通過する
treize	[形]	13、13の
trente	[形]	30、30の
très	[副]	非常に、とても
très bien		とてもよい
tricolore	[形]	3色の
triste	[形]	悲しい；寂しい
trois	[形]	3、3つの
troisième	[形]	3番目の
tromper	[他動]	だます
se tromper	[代動]	間違える
trop	[副]	あまりに（多くの）
trousse	[女]	ペンケース
trouver	[他動]	…を見つける
trouver + 名詞 + 形容詞		〜を…だと思う
se trouver	[代動]	…にいる、ある
tu	[代]	君は（主語）
tulipe	[女]	チューリップ
type	[男]	型、タイプ；奴

U

UE （= Union Européenne）

	[固女]	ヨーロッパ連合
un, une, des	[冠]	ある（1つの）、いくつかの
l'un (à) l'autre		お互いに
université	[女]	大学
usine	[女]	工場
utilieser	[他動]	…を使う

V

vacances	[女複]	ヴァカンス、休暇
vacciner	[他動]	…にワクチンを接種する
vaisselle	[女]	食器
faire la vaisselle		皿洗いをする
valise	[女]	スーツケース
valoir	[非動]	…の価値がある
il vaut mieux ～		…するほうが良い
vécu, e	→	vivre（過去分詞）
végétarien, ne	[名]	ヴェジタリアン、菜食主義者
veille (la)	[女]	前日
vélo	[男]	自転車
vendeur, se	[名]	店員、売り子
vendre	[他動]	売る
vendredi	[男]	金曜日
venir	[自動]	来る
venir de+不定詞		…したばかり（近接過去）
vent	[男]	風
ventre	[男]	腹
vérité	[女]	本当のこと、真実
verre	[男]	グラス
vers	[前]	…の頃に；…に向かって
Versailles	[固]	ヴェルサイユ（都市）
vert, e	[形]	緑の
veste	[女]	上着、ジャケット
vêtement	[男]	服、衣類
viande	[女]	肉

vie	[女]	生命；一生、人生
vie active		社会人生活、現役期間
vieil, vieille	→	vieux
vieux	[形]	年取った；古い
vieil (男性第2形), vieille, vieux, vieilles		
vif, ve	[形]	鮮やかな；活き活きした
village	[男]	村
ville	[女]	都市、都会、町
vin	[男]	ワイン
Vincent	[固男]	ヴァンサン（人名）
vingt	[形]	20、20の
vingt-et-un	[形]	21、21の
vingt-et-unième	[形]	21番目の；21分の1
violet, te	[形]	紫の
violon	[男]	バイオリン
virgule	[女]	コンマ、小数点
visage	[男]	顔
visiter	[他動]	…を訪れる、見物する
vite	[副]	速く
vitesse	[女]	速度；ギア
à toute vitesse		全速力で
vivre	[自動]	生きる；生活する
voici	[副]	ここに…がある；これが…だ
voilà	[副]	そこに…がある；あれが…だ
voir	[他動]	…に会う、見る；…が分かる
voisin, e	[名]	隣人
voiture	[女]	車
voix	[女]	声
vos	→	votre
votre, vos	[形]	あなた（たち）の（所有形容詞）
vôtre, vôtres	[代]	あなた（たち）のもの（所有代名詞）
vouloir	[他動]	…が欲しい、…したい
vous	[代]	あなた（たち）
		[主語／直接目的・間接目的／強勢形]
voyage	[男]	旅行
voyager	[自動]	旅行する

La fotêt 語彙集

 voyager à l'étranger　海外旅行をする

vrai, e　　　[形]　　　本当の

W

wagon　　　[男]　　　（列車の）車両

week-end　[男]　　　週末

Y

y　　　　　　[代]　　　そこに；それについて（中性代名詞）

yaourt　　　[男]　　　ヨーグルト

yeux　　　　→　　　　œil の複数形

Z

zoo　　　　　[男]　　　動物園

ラ・フォーレ　新訂版
— フランス語基礎文法 —
語彙集（非売品）

© 2023 年 3 月 1 日　初版発行

著　者　　　　　　　　　　　　森　繁

発行者　　　　　　　　　　　　原　雅久
発行所　　　　　　　　株式会社　朝日出版社
101-0065　東京都千代田区西神田 3-3-5
電話 (03) 3239-0271
FAX (03) 3239-0479

Exercices

1. カッコ内の指示に従い、比較の文を作りなさい。

1) Mathilde est gentille. (> Cécile)

2) Ce pantalon coûte cher. (= cette jupe)

3) La Tour Eiffel est haute. (< la Tour de Tokyo)

4) Ce gâteau-ci est bon. (> ce gâteau-là)

2. 日本語の意味に相応しい文章になるように、カッコ内に適当な語を入れなさい。

1) ロワール河はフランス最長の河です。

La Loire est le fleuve (　　　) (　　　) (　　　) de France.

2) カタツムリは動物の中で最も動きが遅い。

Les escargots sont (　　　) (　　　) rapides des animaux.

3) 北部地方では、冬は一年で一番厳しい季節です。

Dans le Nord, l'hiver est la saison (　　　) (　　　) agréable (　　　) l'année.

3. 発音を聴いて空欄をうめなさい。　🎧 59

1) Aline est une de (　　　) (　　　) amies.

2) Par cette fenêtre, on voit (　　　) (　　　) (　　　) paysage.

◆序数　🎧 60

1^{er/ère} premier(ère)　2e second(e) / deuxième　3e troisième　4e quatrième
5e cinquième　6e sixième　7e septième　8e huitième　9e neuvième　10e dixième

※ 日付・王位は1日・1世だけ序数、それ以外は基数　*ex.*) le **1**^{er} juillet / le **14** Juillet ; François **I**^{er} / Louis **XIV**

 61

voir		dire	
je vois	nous voyons	je dis	nous disons
tu vois	vous voyez	tu dis	vous di*tes*
il voit	ils voient	il dit	ils disent

leçon 11

§ 25. **命令法**：直説法現在形の活用から作られる。（例外：être, avoir）　**62**

	parler	finir	être	avoir
（tuに対して）	parle*	finis	sois	aie
（nousに対して）	parlons	finissons	soyons	ayons
（vousに対して）	parlez	finissez	soyez	ayez

* -er動詞およびallerでは、tuに対する命令で活用語尾のsを省略する。*cf.*) Tu vas → **Va** !

Parle moins fort !

Soyez tranquilles, Mesdames.

Finissons ce travail le plus tôt possible.

N'ayez pas peur, les enfants.

※ avoir peur 「怖れる」

§ 26. **非人称表現**：非人称主語ilを用いる表現。　**63**

1) ［時刻］ Quelle heure *est-il* ?

— *Il est* | une *heure* | dix / moins dix.
| deux heures | et quart.
| *midi* / *minuit* | et demie.
| | moins le quart.

2) ［天候］ Quel temps *fait-il* ?

— *Il fait* | beau / mauvais.
| chaud / froid / bon.

— *Il pleut*. (→ pleuvoir)

— *Il neige*. (→ neiger)

3) ［その他］

avoir : *Il y a* des nuages dans le ciel.

falloir : *Il faut* vingt minutes pour aller au bureau.

Il faut changer de train à Lyon.

形式主語 : *Il reste* encore beaucoup de choses à faire.

Il est difficile *d*'apprendre une langue étrangère.

§ 27. **中性代名詞**： en ※ 動詞の直前に置く。　

1) 不定冠詞・部分冠詞・数量表現をともなう直接目的語を受ける。→「それ（ら）を」

Vous avez *des oranges* ?　　— Oui, j'*en* ai./ Non, je n'*en* ai pas.

Mettez-vous *du beurre* ?　　— Oui, j'*en* mets un peu.

2) 前置詞 de + 名詞（もの・こと）を受ける。

Tu viens *de Bruxelles* ?　　— Oui, j'*en* viens.

Parlent-ils *de leurs vacances* ?　— Oui, ils *en* parlent.

cf.) 数量表現　un peu de … ／ assez de … ／ beaucoup de … ／ trop de …

Exercices

1. 各文を、その主語に対する命令文に書き換えなさい。

1) Vous attendez un moment, s'il vous plaît.

2) Tu fais attention aux voitures.

3) Tu ne vas pas seul trop loin.

4) Nous avons de la patience.

2. 例にならって、各地の時間と天候を言いなさい。

例) 東京、11時15分。曇りで少し暑い。　→ *À Tokyo, il est onze heures et quart.*

Il y a des nuages et il fait un peu chaud.

1) パリ、10時半。晴れて気持ちが良い。　→ À Paris,

2) バンコク、午後0時15分前。雨で暑い。 → À Bangkok,

3) モスクワ、8時20分。雪でとても寒い。 → À Moscou,

3. カッコ内に中性代名詞 en または y を入れなさい。

1) Il travaille toujours en Angleterre ?　　— Non, il n'(　　) travaille plus.

2) Mangez-vous du fromage ?　　　　　　— Oui, j'(　　) mange en fin de repas.

3) Pense-t-elle à son examen ?　　　　　　— Non, elle n'(　　) pense pas.

4) Combien de tickets prenez-vous ?　　　— J'(　　) prends quatre.

※ 中性代名詞 y *cf.)* p.22

4. 発音を聴いて空欄をうめなさい。 65

1) (　　　　) tout droit et (　　　　) la deuxième rue à gauche.

2) Il est déjà (　　　) (　　　　), alors (　　　) (　　　　) partir tout de suite.

 66

mettre		attendre	
je mets	nous mettons	j' attends	nous attendons
tu mets	vous mettez	tu attends	vous attendez
il met	ils mettent	il attend	ils attendent

leçon 12

§ 28. 目的語人称代名詞

主語	直接目的	間接目的	強勢形	主語	直接目的	間接目的	強勢形
je	**me (m')**		moi	nous	**nous**		nous
tu	**te (t')**		toi	vous	**vous**		vous
il	**le (l')**	**lui**	lui	ils	**les**	**leur**	eux
elle	**la (l')**		elle	elles			elles

※ 動詞の直前に置く。

※ *le, la, les* は「もの」も受ける。→「それ／それらを〜」

▶ 直接目的 「〜を」

Julien cherche *Christine* ?

— Oui, il *la* cherche.

【倒置形】 *La* cherche-t-il ?

▶ 間接目的 「〜に」 ※ à＋人を受ける。

Julien téléphone *à Christine* ?

— Oui, il *lui* téléphone.

【否定形】 Il ne *lui* téléphone pas.

1) 直接目的と間接目的の代名詞を併用するときの語順

※直接目的語が三人称 (*le, la, les*) のとき

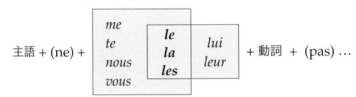

主語 + (ne) +
| me |
| te |
| nous |
| vous |
/ le la les / lui leur / + 動詞 + (pas) …

Tu *me* montres *cette photo* ? — Oui, je *te la* montre.

Tu montres *cette photo* à *Thérèse* ? — Oui, je *la lui* montre.

2) 肯定命令文の語順

Donnez *ce cadeau* à *Sophie*.

（直）Donnez-*le* à *Sophie*.

（間）Donnez-*lui* *ce cadeau*.

（直）＋（間）Donnez-*le-lui*.*

*この場合、直接目的と間接目的の語順は変わらない。

Donnez-*le-moi*. ※ me → moi

cf.) 否定命令文 ※ 語順は 1) と同じ

Ne *me le* donnez pas.

Ne *le lui* donnez pas.

Exercices

1. 例にならって 下線部を適当な目的語人称代名詞に直しなさい。

例）Je vais voir <u>mes amis</u>.　　　→ Je vais *les* voir.

1) Pierre cherche <u>son portable</u>. 　→ ....

2) Elle n'ouvre* pas <u>cette boîte</u>. 　→ ....

3) Je te présente <u>mon amie Éliette</u>. 　→ ....

4) Passez ce paquet <u>à Pascal</u>. 　→ ....

*ouvre > ouvrir 活用18

2. 下線部を適当な人称代名詞に直して、応答文を完成させなさい。

1) Tu <u>m</u>'aimes ?　　　　　　　　— Oui, je ....

2) Vous obéissez <u>à vos parents</u> ?　 — Non, je ....

3) Ta mère <u>t</u>'écrit de temps en temps ?　— Oui, elle ....

4) Vous <u>me</u> prêtez <u>votre dictionnaire</u> ?　— Oui, je ....

3. 発音を聴いて空欄をうめなさい。　　　　　　　　🎧 **68**

1) Connaissez-vous mon frère ? — Oui, je (　　　) (　　　) (　　　) maintenant.

2) J'ai envie de regarder tes photos. Montre-(　　　)-(　　　).

※ avoir envie de ~　*cf.*) p. 16

🎧 **69**

connaître

je connais	nous connaissons
tu connais	vous connaissez
il connaît	ils connaissent

écrire

j' écris	nous écrivons
tu écris	vous écrivez
il écrit	ils écrivent

leçon 13

§ 29. **直説法複合過去**　助動詞 avoir / être の現在形 ＋過去分詞

	visiter		
j' **ai visité**	nous **avons visité**		
tu **as visité**	vous **avez visité**		
il **a visité**	ils **ont visité**		
elle **a visité**	elles **ont visité**		

	aller		
je **suis allé(e)**	nous **sommes allé(e)s**		
tu **es allé(e)**	vous **êtes allé(e)(s)**		
il **est allé**	ils **sont allés**		
elle **est allée**	elles **sont allées**		

◆ **過去分詞**

①第 1 群規則動詞　— er → *é*：visiter → *visité*　　*cf.*) aller → *allé*

②第 2 群規則動詞　— ir → *i*：finir → *fini*

③その他不規則動詞：être → *été*　　　avoir → *eu*　　　voir → *vu*

　　　　　　　　　　faire → *fait*　　prendre → *pris*

◆ **助動詞**　・avoir →　すべての他動詞とほとんどの自動詞

　　　　　　・être　→　移動などを表す一部の自動詞

↓

aller, venir (*venu*) / entrer, sortir (*sorti*) / arriver, partir (*parti*) / rester /
monter, descendre (*descendu*) / naître (*né*), mourir (*mort*) / tomber など

過去分詞の一致

1) 助動詞が être のとき、過去分詞は**主語**の性・数に一致する。

　Ils sont all*és* au cinéma hier.

　Elle est ven*ue* en France l'an dernier.

2) 直接目的語が動詞の前にある時、過去分詞は**直接目的語**の性・数に一致する。

　Il a cherché **Hélène**.　→　Il l'a cherch*ée*.

　▶否定形：Je n'*ai* pas *visité*…　；je ne *suis* pas *allé(e)*…

　▶倒置形：*Avez*-vous *visité*…　；*Êtes*-vous *allé(e)(s)*…

★ **用法**

1) 過去に完了した行為や状態

　Vincent *est parti* en voyage avant-hier.

　J'*ai vu* ce film samedi dernier.

2) 過去の結果としての現在の状態

　Sophie est là, elle n'*est* pas encore *sortie*.

　Avez-vous déjà *visité* le Mont-Saint-Michel ?

Exercices

1. 次の文章を直説法複合過去形に直しなさい。

1) Elle passe ses vacances à la campagne.

2) J'ai de la fièvre ce matin.

3) Ils n'arrivent pas avant le dîner.

4) Mangez-vous le petit déjeuner ?

2. カッコ内の動詞を複合過去形にして入れなさい。

1) Nous _____ en Normandie pendant cinq ans. (habiter)

2) Michel _____ ses études il y a deux ans. (finir)

3) Mes parents _____ chez moi la semaine dernière. (venir)

4) Jeanne D'Arc _____ à Rouen en 1431. (mourir)

3. 発音を聴いて空欄をうめなさい。　🎧 71

1) Ils (　　　) (　　　) le TGV pour aller à Londres.

2) Qu'est-ce que vous (　　　) (　　　) ce week-end ?

　　　　　　　　　　　　　　　 — Nous (　　　) (　　　) Honfleur.

◆ **準助動詞**：一般に不定詞と組み合わせて用いることの多い動詞　 72

vouloir (*voulu*)		**pouvoir** (*pu*)		**devoir** (*dû, due…*)	
je veux	nous voulons	je peux	nous pouvons	je dois	nous devons
tu veux	vous voulez	tu peux	vous pouvez	tu dois	vous devez
il veut	ils veulent	il peut	ils peuvent	il doit	ils doivent

cf.) Puis-je

Tu ne *veux* pas aller au musée d'Orsay ? — Avec plaisir.

Pouvez-vous me donner quelque chose à boire ?

On *doit* demander le chemin à quelqu'un.

　　cf.) Vous *voulez* du café ou du thé ? — Non, merci. Ça va.

leçon 14

§ 30. **代名動詞**：主語と同じ人称の目的語代名詞（再帰代名詞）をともなう動詞。 🎧 **73**

<table>
<tr><th colspan="2">se lever</th><th colspan="2">s'habiller</th></tr>
<tr><td>je **me** lève</td><td>nous **nous** levons</td><td>je **m'** habille</td><td>nous **nous** habillons</td></tr>
<tr><td>tu **te** lèves</td><td>vous **vous** levez</td><td>tu **t'** habilles</td><td>vous **vous** habillez</td></tr>
<tr><td>il **se** lève</td><td>ils **se** lèvent</td><td>il **s'** habille</td><td>ils **s'** habillent</td></tr>
</table>

▶否定形：Je **ne** *me* **lève** pas …

▶倒置形：*Te lèves* - tu … ?

▶命令形：*Lève - toi*. ※ te→toi　　*Levons - nous*.　　*Levez - vous*.

cf.) 否定命令形　**Ne** *te* **lève** pas.

★用法

1) 再帰的：「自分を／に〜する」→「自分が／のために〜する」

Je *me couche* vers minuit.

Je *me lave* les mains.

2) 相互的：「（互いに）〜し合う」　※主語は複数

Lucien et Claire *s'aiment* l'un l'autre.

Ils *se téléphonent* tous les soirs.

3) 受動的：「〜される」　※主語はもの・こと

Le français *se parle* aussi en Suisse.

4) 特殊なもの：代名動詞としてのみ使う動詞や代名動詞になると意味が変わるもの

cf.) se moquer (de ~), se souvenir (de ~), s'en aller など

Elle *se moque* de lui.

◆複合過去形

<table>
<tr><th colspan="3">se coucher</th></tr>
<tr><td>je **me suis** couché(e)</td><td>nous **nous sommes** couché(e)s</td></tr>
<tr><td>tu **t' es** couché(e)</td><td>vous **vous êtes** couché(e)(s)</td></tr>
<tr><td>il **s' est** couché</td><td>ils **se sont** couchés</td></tr>
<tr><td>elle **s' est** couchée</td><td>elles **se sont** couchées</td></tr>
</table>

※ 助動詞は常にêtre。過去分詞は、再帰代名詞が直接目的語の場合、それに性・数一致する。

▶否定形：Je **ne** *me* **suis** pas *couché(e)* ….

▶倒置形：*Vous êtes*-vous *couché(e)(s)* … ?

Exercices

1. カッコ内の動詞を適当な形にして入れなさい。

1) Je _____ dans ce parc tous les jours. (se promener)*

2) Nous _____ au téléphone une fois par semaine. (se parler)

3) Ce livre _____ bien en ce moment. (se vendre)*

4) Tu _____ de ton enfance ? (se souvenir)

*promener 活用6 / vendre 活用19

2. 和訳しなさい。

1) Ce mot ne s'emploie pas souvent.

2) Dépêchons-nous, sinon nous allons être en retard.

3) Ils s'intéressent beaucoup à la littérature française.

4) Raoul et Janine se sont rencontrés il y a un mois.

3. 発音を聴いて空欄をうめなさい。　　　　🎧 74

1) Elle (　　　) (　　　) pour aller à la soirée.

2) À quelle heure (　　　) (　　　)-(　　　) le matin ?

　　　　　　　　　　— Je (　　　) (　　　) à sept heures.

🎧 75

s'appeler

je m' appe**lle**	nous nous appelons
tu t' appe**lles**	vous vous appelez
il s' appe**lle**	ils s' appe**ll**ent

se souvenir (de ~)

je me souviens	nous nous souvenons
tu te souviens	vous vous souvenez
il se souvient	ils se souviennent

cf.) venir (leçon 8)

leçon 15

§31. 関係代名詞 Ⅰ

🎧 76

1) **qui** ：主語の働きをする（先行詞は人・もの）

Voici les vins *qui* viennent d'arriver au magasin.

La fille *qui* pleure là-bas est ma nièce.

2) **que** ：直接目的語の働きをする（先行詞は人・もの）

Ce sont les photos *qu'il* a fait*es** à Noël.

Qui est le monsieur *que* tu as salué tout à l'heure ?

*過去分詞の一致　cf.) p. 34

3) **dont** ：de＋先行詞を受ける（先行詞は人・もの）

J'ai rencontré une dame *dont* le mari est avocat.

Tu as lu le roman *dont* on parle beaucoup ?

4) **où** ：場所や時間を受ける

J'ai visité le village *où* mon père est né.

C'est l'époque *où* l'on a vécu ensemble à Paris.

§32. 指示代名詞

🎧 77

1) 性・数変化しないもの

① **ce** （単独で）：*C'*est une carotte. / *Ce* sont des légumes.

（関係代名詞と）：Je ne comprends pas *ce qu'*il dit.

② **ceci, cela (ça)** ：*Ceci* est à Paul, *cela* est à moi. / *Ça* va ? / Oui, c'est *ça*.

2) 性・数変化を伴うもの

m.s.	f.s.	m.pl.	f.pl.
celui	**celle**	**ceux**	**celles**

① 名詞に代わり「それ／それら」の意味で用いる。

（後に -ci, -là を続けて遠近を区別したり、de+名詞や関係代名詞節を伴って限定される）

Voici mon sac et *celui* d'Éric.

De ces deux cravates, je préfère* *celle-ci* à *celle-là*.

*préfère > préférer 活用8

② 名詞の代用でない場合→「〜である人（びと）」（後に関係代名詞節が続く）

Tous *ceux* qui sont riches ne sont pas heureux.

Exercices

1. カッコ内に適当な関係代名詞を入れなさい。

1) Regardez les garçons (　　　) jouent au football.

2) J'ai un ami (　　　) le père est un grand cinéaste.

3) Il danse avec une jeune fille (　　　) je ne connais pas.

4) Il est venu du pays (　　　) j'ai envie d'aller.

2. 日本語の文と等しい意味になるように、カッコ内の単語を正しく並べ替えなさい。

1) Je prends le train [trois, à, part, heures, qui].　　私は3時発の列車に乗ります。

2) C'est le restaurant [mange, où, bien, on].　　それは美味しい食事ができるレストランです。

3) Voici le dictionnaire [dont, avez, vous, besoin].　　ここにあなたが必要とする辞書があります。

4) Ce sont les cartes postales [m', qu', a, il, envoyées*].

これらは彼が私に送ってくれた絵葉書です。

*envoyer 活用10

3. 発音を聴いて空欄をうめなさい。　　 78

1) C'est la voiture (　　　) (　　　) (　　　) achetée pour son fils.

2) (　　　) (　　　) est riche doit aider (　　　) (　　　) sont pauvres.

79

lire (*lu*)		
je lis	nous lisons	
tu lis	vous lisez	
il lit	ils lisent	

vivre (*vécu*)		
je vis	nous vivons	
tu vis	vous vivez	
il vit	ils vivent	

supplément III

◆ **疑問代名詞 II**：複数の人／ものの中から「だれ／どれ」をたずねる。　🎧 **80**

m.s.	*f.s.*	*m.pl.*	*f.pl.*
lequel	**laquelle**	**lesquels**	**lesquelles**

Lequel de ces gâteaux choisissez-vous ?　— Celui-là, le plus grand.

※ à + lequel　→　**au**quel　　　　à + lesquels [lesquelles]　→　**aux**quels [**aux**quelles]
　 de + lequel　→　**du**quel　　　de + lesquels [lesquelles]　→　**des**quels [**des**quelles]

　　ex.) *Auquel* de ces élèves voulez-vous parler ?

◆ **フランス語の基本6文型**

1) 主語＋動詞　[S＋Vi]
   Paul marche.

2) 主語＋動詞＋属詞　[S＋Vi＋A]
   Nicole est française.

3) 主語＋動詞＋直接目的　[S＋Vt＋COD]　　※直接目的補語「〜を」：前置詞を伴わない
   Nous avons une villa.

4) 主語＋動詞＋間接目的　[S＋Vi＋COI]　　※間接目的補語「〜に」など：通常 à, de に導かれる
   Elle téléphone à son ami.

5) 主語＋動詞＋直接目的＋間接目的　[S＋Vt＋COD＋COI]
   Il montre son cahier à Dominique.

6) 主語＋動詞＋直接目的＋属詞　[S＋Vt＋COD＋A]
   Je trouve ce livre intéressant.

　　　　　　　Vt 他動詞：直接目的語を伴う
　　　　　　　Vi 自動詞：単独で用いるか属詞や間接目的語を伴う
　　　　　　　※ 間接目的語を伴うものは、間接他動詞とも呼ばれる

quatrième partie

さまざまな時制にチャレンジ！

leçon 16

§ 33. 直説法半過去　　　　　　　　　　　　　　　　　　🎧 81

visiter	
je visit**ais**	nous visit**ions**
tu visit**ais**	vous visit**iez**
il visit**ait**	ils visit**aient**

être	
j' ét**ais**	nous ét**ions**
tu ét**ais**	vous ét**iez**
il ét**ait**	ils ét**aient**

◆**語尾**：すべての動詞に共通　**-ais, -ais, -ait, -ions, -iez, -aient**

◆**語幹**：直説法現在形・一人称複数：nous の活用から -ons を除いたもの （例外：être だけ）

　　　　　　　　　　　（現在）　　　　　　（半過去）

regarder　: nous **regard**ons　→　je **regard**ais

finir　　　: nous **finiss**ons　→　je **finiss**ais

faire　　　: nous **fais**ons　　→　je **fais**ais など

cf.) être　: nous sommes　→　j' **ét**ais

▶ avoir, aller, faire の直説法半過去形の活用を書きなさい。

avoir	
j' **av**＿＿	nous ＿＿＿
tu ＿＿	vous ＿＿
il ＿＿	ils ＿＿

aller	
j' **all**＿＿	nous ＿＿＿
tu ＿＿	vous ＿＿
il ＿＿	ils ＿＿

faire	
je **fais**＿＿	nous ＿＿＿
tu ＿＿	vous ＿＿
il ＿＿	ils ＿＿

★**用法**：過去における継続中の行為や状態、過去の習慣や反復された行為などを表す。

Quand elle est rentrée, son frère *regardait* la télé dans le salon.

Avant, on *écrivait* des lettres à la place des mails ou des SMS.

※ à la place de ~「…の代わりに」

Dans mon enfance, j'*allais* chez mon grand-père tous les étés.

Quand nous *étions* à Paris, nous *visitions* souvent cette église.

Exercices

1. カッコ内の動詞を半過去形にして入れなさい。

1) Je _____ quand le téléphone a sonné. (dormir)

2) Comme il _____ très chaud, nous sommes restés à l'ombre. (faire)

3) Ils _____ pendant que vous _____. (travailler/se reposer)

4) Ma femme _____ le dîner quand je suis entré dans la cuisine. (préparer)

2. 和訳しなさい。

1) À cette époque, ils étudiaient à la Sorbonne.

2) Dans sa jeunesse, ma sœur voyageait souvent à l'étranger.

3) Voici le livre que tu cherchais depuis longtemps.

4) Il sortait au moment où elle est arrivée chez lui.

3. 発音を聴いて空欄をうめなさい。　　　　🎧 82

1) Quand il (___) petit, il (___) à la pêche tous les week-ends.

2) Nous (___) (___) dans la forêt quand l'orage a éclaté.

PLUS　　　　🎧 83

▶直説法大過去　| 助動詞 (avoir/être) の半過去形＋過去分詞 |

<table>
<tr><td colspan="2" align="center">perdre</td><td colspan="2" align="center">partir</td></tr>
<tr><td>j' avais perdu</td><td>nous avions perdu</td><td>j' étais parti(e)</td><td>nous étions parti(e)s</td></tr>
<tr><td>tu avais perdu</td><td>vous aviez perdu</td><td>tu étais parti(e)</td><td>vous étiez parti(e)(s)</td></tr>
<tr><td>il avait perdu</td><td>ils avaient perdu</td><td>il était parti</td><td>ils étaient partis</td></tr>
<tr><td></td><td></td><td>elle était partie</td><td>elles étaient parties</td></tr>
</table>

★**用法**：過去のある時点以前に完了した行為や状態を表す。

Lorsqu'il est arrivé à la gare, le train *était* déjà *parti*.

▶カッコ内の動詞を大過去形にして入れなさい。

1) J'étais triste parce qu'elle n' _____ pas _____. (venir)

2) Il a retrouvé la clef qu'il _____. (perdre)

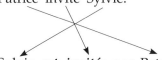

leçon 17

§ 34. **受動態** être ＋ 過去分詞 par 〜

（能）Patrice invite Sylvie.

▶複合過去形

（受）Sylvie *est invitée* par Patrice. ——→ Sylvie *a été invitée* par Patrice.

※ 過去分詞は主語の性・数に一致する。

※ 動作主を de 〜 で導く → 感情などを表す動詞の場合

Jeanne est aimée *de* tout le monde.

§ 35. **現在分詞とジェロンディフ** 85

1）現在分詞

◆**語尾**：すべての動詞に共通 **-ant**

◆**語幹**：直説法現在の nous の活用から -ons を除いたもの

finir : nous **finiss**ons → **finiss**ant

faire : nous **fais**ons → **fais**ant など

（例外：être → **ét**ant, avoir → **ay**ant, savoir → **sach**ant）

★**用法**：名詞・代名詞を修飾する［形容詞的］

1）直前の名詞を修飾する。 ※〔qui ＋ 動詞〕に代わる。

Regardez la fille *jouant*〔= qui joue〕au tennis dans la cour.

2）分詞節 ※ 同時性、条件、理由などを表す。

Travaillant plus, elle va réussir son examen.

La pluie *tombant*, ils se sont mis à courir. （絶対分詞節）

※ se mettre à 〜 「…し始める」

2）ジェロンディフ **en ＋ 現在分詞**

★**用法**：主節の動詞を修飾する［副詞的］ ※ 同時性、手段、条件、対立などを表す。

Ne lisez pas *en mangeant*.

Nicole gagne sa vie *en donnant* des leçons de piano.

J'ai rencontré Philippe *en traversant* la place.

cf.）J'ai rencontré Philippe *traversant* la place.

Exercices

1. 次の文章を受動態の文に書き換えなさい。

1) Beaucoup de touristes visitent cette cathédrale.

2) Tous les collègues respectent ce professeur.

3) Les frères Lumière ont inventé le cinéma.

4) Michel Legrand a composé ces belles chansons.

2. カッコ内の動詞をジェロンディフにして空欄に入れなさい。

1) Il fait du jogging ＿＿＿＿＿＿＿＿ de la musique.　　　　　　　(écouter)

2) ＿＿＿＿＿＿＿＿ le métro, tu vas arriver plus tôt au théâtre.　(prendre)

3) Tout ＿＿＿＿＿＿＿＿ la vérité, il n'a rien dit.　　　　　　　(savoir)

4) Les enfants apprennent beaucoup ＿＿＿＿＿＿＿＿ avec leurs camarades. (jouer)

3. 発音を聴いて空欄をうめなさい。　　　　　　　　　🎧 86

1) Jean (　　　　) (　　　　) grondé (　　　　) son père.

2) Dans ce film, les gens pleuraient (　　　　) (　　　　) la Marseillaise.

 知覚動詞・使役動詞など　　　　　　🎧 87

▶ voir　　　: J'*ai vu* le voisin sortir de sa maison.

▶ entendre : On *entend* les oiseaux chanter par la fenêtre.

▶ faire　　 : Le professeur *a fait* lire ce livre aux étudiants.

▶ laisser　 : Elle *a laissé* son fils s'amuser dans le jardin.

leçon 18

§36. **直説法単純未来** 🎧 88

visiter	
je visite**rai**	nous visite**rons**
tu visite**ras**	vous visite**rez**
il visite**ra**	ils visite**ront**

être	
je se**rai**	nous se**rons**
tu se**ras**	vous se**rez**
il se**ra**	ils se**ront**

◆ **語尾**：すべての動詞に共通　**-rai, -ras, -ra, -rons, -rez, -ront**

　　　※ 覚え方→ r + avoir の直説法現在（-av）

cf.) avoir

j' **ai**	nous av**ons**
tu **as**	vous av**ez**
il **a**	ils **ont**

◆ **語幹**：不定詞から語尾の -r, re を除いたものが多い。

　　　visiter : je **visite**rai　　　finir　　: je **fini**rai

　　　partir : je **parti**rai　　　prendre : je **prend**rai

　　cf.) acheter : j'**achète**rai（直説法現在形・一人称単数：je の活用）

　　　※特殊な語幹をもつ動詞

être : je **se**rai	avoir : j'**au**rai	aller : j'**i**rai
venir : je **viend**rai	faire : je **fe**rai	voir : je **ver**rai

▶ avoir, aller, faire の直説法単純未来形の活用を書きなさい。

🖊 avoir	
j' **au**＿＿＿	nous ＿＿＿
tu ＿＿＿	vous ＿＿＿
il ＿＿＿	ils ＿＿＿

🖊 aller	
j' **i**＿＿＿	nous ＿＿＿
tu ＿＿＿	vous ＿＿＿
il ＿＿＿	ils ＿＿＿

🖊 faire	
je **fe**＿＿＿	nous ＿＿＿
tu ＿＿＿	vous ＿＿＿
il ＿＿＿	ils ＿＿＿

★ **用法**　1）未来の行為・事実・状態を表す。

　　　　　Il *viendra* me voir ce soir.

　　　　　Nous *visiterons* le Sacré-Cœur la semaine prochaine.

　　　　2）二人称で軽い命令を表す。

　　　　　Tu *passeras* chez moi demain matin.

§37. **中性代名詞**：**le**　※ 動詞の直前に置く。 🎧 89

1）属詞（名詞・形容詞）を受ける.　Sont-ils *contents*? — Oui, ils *le* sont.

2）不定詞を受ける.　Puis-je *m'asseoir*? — Oui, vous *le* pouvez.

3）文や節を受ける.　Vous savez *que Paul s'est marié avec Anne*?

　　　　　　　　　　　　　　　　— Non, je ne *le* savais pas.

Exercices

1. カッコ内に指示された主語に換えて、全文を書き改めなさい。

1) Je serai professeur l'année prochaine. （あなた、彼女）

2) Nous partirons pour la France dans deux ans. （彼ら、私）

3) Avec son conseil, elle changera peut-être d'avis. （君、私たち）

2. カッコ内の動詞を単純未来形にして空欄に入れなさい。

1) Qu'est-ce que tu _____ après tes études ? (faire)

2) J' _____ vivre aux États-Unis pour deux ans. (aller)

3) En tournant à droite, vous _____ le grand magasin. (trouver)

3. 発音を聴いて空欄をうめなさい。　🎧 90

1) (　　　) (　　　) un beau cadeau pour Noël.

2) Tu (　　　) me chercher à (　　　) heures.

🐿️ **PLUS**　🎧 91

▶直説法前未来　助動詞 (avoir/être) の単純未来形＋過去分詞

finir	
j' **aurai fini**	nous **aurons fini**
tu **auras fini**	vous **aurez fini**
il **aura fini**	ils **auront fini**

partir	
je **serai parti(e)**	nous **serons parti(e)s**
tu **seras parti(e)**	vous **serez parti(e)(s)**
il **sera parti**	ils **seront partis**
elle **sera partie**	elles **seront parties**

★**用法**：未来のある時点に完了している行為や状態を表す。

Lorsqu'il arrivera à la gare, le train *sera* déjà *parti*.

▶カッコ内の動詞を前未来形にして入れなさい。

1) Elle _____ à la maison avant huit heures. (rentrer)

2) Vous pourrez sortir quand vous _____ vos devoirs. (finir)

leçon 19

§ 38. **条件法現在** 🎧 92

visiter			**être**	
je visite**rais**	nous visite**rions**		je se**rais**	nous se**rions**
tu visite**rais**	vous visite**riez**		tu se**rais**	vous se**riez**
il visite**rait**	ils visite**raient**		il se**rait**	ils se**raient**

◆**語尾**：すべての動詞に共通　**-rais, -rais, -rait, -rions, -riez, -raient**

　　　　※覚え方→ <u>r</u> + 直説法半過去の語尾

◆**語幹**：直説法単純未来と同じ

　　　finir : je **fini**rais　　　prendre : je **prend**rais　　　*cf.*) acheter : j'**achète**rais

être : je **se**rais	avoir : j'**au**rais	aller : j'**i**rais
venir : je **viend**rais	pouvoir : je **pour**rais	vouloir : je **voud**rais

▶ avoir, aller, faire の条件法現在形の活用を書きなさい。

🖉 **avoir**			🖉 **aller**			🖉 **faire**	
j' **au**_____	nous _____		j' **i**_____	nous _____		je **fe**_____	nous _____
tu _____	vous _____		tu _____	vous _____		tu _____	vous _____
il _____	ils _____		il _____	ils _____		il _____	ils _____

★**用法**

1) 現在の事実に反する仮定にもとづく推量（si 半過去 → 条件法現在）

　　S'il faisait beau aujourd'hui, nous *irions* au bord de la mer.

　　Si j'avais le temps, je *visiterais* encore plusieurs musées.

　　cf.) 実現可能な推量の場合（si 現在 → 単純未来）
　　　　S'il fait beau demain, nous *irons* au bois de Boulogne.

2) 語調緩和・丁寧な表現

　　Je *voudrais* vous poser une question.

　　Vous *auriez* l'heure, s'il vous plaît ?

3) 推量・伝聞

　　On *dirait* qu'il y a eu un accident sur cette route.

Exercices

1. カッコ内の動詞を条件法現在形にして入れなさい。

1) Si j'étais plus riche, j' _____ une nouvelle voiture. (acheter)

2) Si tu n'étais pas si fatigué, nous t' _____ au concert. (inviter)

3) À votre place, je ne _____ pas sa proposition. (refuser)

4) _____ -vous m'apporter la carte, s'il vous plaît ? (pouvoir)

2. 例にならって文の後半を書きなさい。

（例）Je n'ai pas assez d'argent ; je ne fais pas le tour du monde.
→ *Si j'avais assez d'argent,* **je ferais le tour du monde**.

1) Je ne suis pas libre ; je ne vais pas voir mes amis. → *Si j'étais libre, ...*

2) Il est si occupé ; il ne vient pas à la réunion. → *S'il n'était pas si occupé, ...*

3) Tu rentres trop tard ; on ne peut pas dîner ensemble. → *Si tu rentrais plus tôt, ...*

3. 発音を聴いて空欄をうめなさい。　🎧 93

1) S'il ( ) plus chaud, nous ( ) nous baigner à la plage.

2) Si je ( ) bien français, je ( ) seul pour la France.

PLUS 🎧 94

▶条件法過去　| 助動詞 (avoir/être) の条件法現在＋過去分詞 |

quitter	
j' **aurais quitté**	nous **aurions quitté**
tu **aurais quitté**	vous **auriez quitté**
il **aurait quitté**	ils **auraient quitté**

arriver	
je **serais arrivé(e)**	nous **serions arrivé(e)s**
tu **serais arrivé(e)**	vous **seriez arrivé(e)(s)**
il **serait arrivé**	ils **seraient arrivés**
elle **serait arrivée**	elles **seraient arrivées**

★**用法**：過去の事実に反する仮定に基づく推量（ si ＋大過去 → 条件法過去）

S'il n'avait pas perdu sa route, il *serait arrivé* à temps.

▶カッコ内の動詞を条件法過去形にして入れなさい。

1) Si tu avais été plus gentil, elle ne t' _____ pas _____ . (quitter)

2) Si vous étiez parti plus tôt, vous n' _____ pas _____ l'autobus. (manquer)

leçon 20

visiter

que je visit**e**	que nous visit**ions**
que tu visit**es**	que vous visit**iez**
qu'il visit**e**	qu'ils visit**ent**

être

que je **sois**	que nous **soyons**
que tu **sois**	que vous **soyez**
qu'il **soit**	qu'ils **soient**

avoir

que j' **aie**	que nous **ayons**
que tu **aies**	que vous **ayez**
qu'il **ait**	qu'ils **aient**

◆ **語尾**：すべての動詞に共通　**-e, -es, -e, -ions, -iez, -ent**　（例外：être, avoir）

◆ **語幹**：原則として直説法現在・三人称複数：ils の活用から -ent をとったもの

finir　　: ils **finiss**ent　→　que je **finiss**e
partir　 : ils **part**ent　　→　que je **part**e など

※ nous, vous で語幹が変わるもの

venir　　: ils **vienn**ent　→　que je **vienn**e / que nous **ven**ions
prendre : ils **prenn**ent　→　que je **prenn**e / que nous **pren**ions など
cf.) aller　　　　　　　　　→　que j'**aille** / que nous **all**ions

※特殊な語幹を持つ動詞

faire → que je **fass**e　pouvoir → que je **puiss**e　savoir → que je **sach**e など

★ **用法**：一般に que 以下の従属節の中で用いられ、主観的な内容を表現する。

1) 願望、意志、疑惑、判断などを表す動詞に続く名詞節の中で

Je veux que vous *visitiez* Notre-Dame de Paris.
Il faut que tu *ailles* en haut ranger ta chambre.
Je ne crois pas que mon frère *ait* tort.*

* je crois que 以下は直説法
crois > croire 活用34

2) 目的、譲歩、否定などを表す接続詞句が導く副詞節の中で
※ pour que, bien que, sans que, avant que などの後

Parlez plus lentement pour qu'on *puisse* vous comprendre.

3) 最上級やそれに準じる表現に続く形容詞節（関係代名詞節）の中で

Dans ce quartier, c'est le meilleur restaurant que je *connaisse*.

4) 第三者に対する命令や願望を表す独立節の中で

Qu'il *vienne* immédiatement ! / *Vive* la France !

Exercices

1. カッコ内の文を主節にした文に書き換えなさい。

1) L'année nouvelle est bonne et heureuse pour vous. (Je souhaite)

2) Ses parents ne savent pas la vérité. (Il est possible)

3) Elle ne revient plus au Japon. (C'est dommage)

2. 和訳しなさい。

1) Bien qu'il fasse très froid, Catherine est sortie sans manteau.

2) Croyez-vous qu'il y ait encore des fautes dans mon français ?

3) Il viendra vous voir à moins qu'il ne* pleuve.   * 虚辞の ne

3. 発音を聴いて空欄をうめなさい。 96

1) Il (   ) absolument que nous (   ) avant midi.

2) Je (   ) que tu (   ) tes devoirs le plus tôt possible.

 PLUS   97

▶接続法過去   助動詞 (avoir / être) の接続法現在＋過去分詞

prendre		arriver	
que j' **aie pris**	que nous **ayons pris**	que je **sois arrivé(e)**	que nous **soyons arrivé(e)s**
que tu **aies pris**	que vous **ayez pris**	que tu **sois arrivé(e)**	que vous **soyez arrivé(e)(s)**
qu' il **ait pris**	qu'ils **aient pris**	qu'il **soit arrivé**	qu'ils **soient arrivés**
		qu'elle **soit arrivée**	qu'elles **soient arrivées**

★**用法**：接続法を用いる文章で、すでに完了した内容を表現する。

Je doute qu'ils *soient arrivés* à l'heure.

Elle dessine très bien, sans qu'elle *ait pris* des leçons.

C'est le plus beau film qu'il *ait fait* jusqu'à présent.

appendice

- 所有代名詞
- 強調構文
- 前置詞＋関係代名詞
- 直説法単純過去
- 直説法前過去
- 話法と時制の一致

appendice

◆ **所有代名詞**

	m.s.	*f.s.*	*m.pl.*	*f.pl.*
je	le mien	la mienne	les miens	les miennes
tu	le tien	la tienne	les tiens	les tiennes
il/elle	le sien	la sienne	les siens	les siennes
nous	le nôtre	la nôtre	les nôtres	
vous	le vôtre	la vôtre	les vôtres	
ils/elles	le leur	la leur	les leurs	

Voici la place de Juliette et *la mienne*.
À ta santé ! — À *la tienne* !

◆ **強調構文**：Louis XIV a fait construire le château de Versailles au 17ᵉ siècle.
　　　　　　　　①　　　　　　　　　　　　②　　　　　　　　　　③

① **C'est** *Louis XIV* **qui** a fait construire le château de Versailles au 17ᵉ siècle.
② **C'est** *le château de Versailles* **que** Louis XIV a fait construire au 17ᵉ siècle.
③ **C'est** *au 17ᵉ siècle* **que** Louis XIV a fait construire le château de Versailles.

    cf.) 人称代名詞を強調する場合は強勢形

      C'est *moi* qui me suis promené dans ce parc avant-hier.

◆ **前置詞＋関係代名詞 II**

1) 前置詞 + **qui**：先行詞は人

Je connais la jeune fille *à qui* Fabrice a donné un cadeau.
Voilà mon ami *chez qui* j'ai passé les vacances cet été.

2) 前置詞 + **lequel, laquelle, lesquels, lesquelles**：先行詞は主にもの・こと

    ※à + lequel　→　**au**quel　　　　à + lesquels [lesquelles]　→　**aux**quels [**aux**quelles]
    　de + lequel　→　**du**quel　　　de + lesquels [lesquelles]　→　**des**quels [**des**quelles]

Il m'a expliqué la raison *pour laquelle* il a quitté son pays natal.
Ce sont les outils *avec lesquels* il a fait ses chefs-d'œuvre.

3) 前置詞 + **quoi**：先行詞は ce, rien など（ce はしばしば省略される）

Ce *à quoi* tu penses est difficile à réaliser.

◆ 直説法単純過去 98

ai 型	**is** 型	**us** 型	
parler	finir	être	avoir
je parl**ai**	je fin**is**	je f**us**	j' e**us**
tu parl**as**	tu fin**is**	tu f**us**	tu e**us**
il parl**a**	il fin**it**	il f**ut**	il e**ut**
nous parl**âmes**	nous fin**îmes**	nous f**ûmes**	nous e**ûmes**
vous parl**âtes**	vous fin**îtes**	vous f**ûtes**	vous e**ûtes**
ils parl**èrent**	ils fin**irent**	ils f**urent**	ils e**urent**

※ venir : je v**ins**, tu v**ins**, il v**int**, nous v**înmes**, vous v**întes**, ils v**inrent**

★ **用法**：物語や歴史の叙述において、過去のできごとの客観的な描写に用いる。（文語的）

Le 1ᵉʳ mars 1815, Napoléon *débarqua* à Golfe-Juan et *arriva* à Paris le 20 mars.
(Cent-jours)

Il *se réveilla* et *regarda* sa montre, puis il *se remit* à marcher.

◆ **直説法前過去**　助動詞 (avoir／être) の単純過去＋過去分詞 99

finir		aller	
j' **eus fini**	nous **eûmes fini**	je **fus allé(e)**	nous **fûmes allé(e)s**
tu **eus fini**	vous **eûtes fini**	tu **fus allé(e)**	vous **fûtes allé(e)(s)**
il **eut fini**	ils **eurent fini**	il **fut allé**	ils **furent allés**
		elle **fut allée**	elles **furent allées**

★ **用法**：単純過去で表現された行為・状態よりも前に完了したできごとなどを表す。

Dès qu'il *eut fini* son travail, il sortit de son bureau.

◆ **直接話法と間接話法**　※主節が過去の場合の時制の一致

1) 平叙文

　　　［直接］　　　　　　［間接］

《現在》→	que + 直説法半過去
《過去》→	que + 直説法大過去
《未来》→	que + 条件法現在

　　Il a dit : 《Je *suis* malade.》 → Il a dit qu'il *était* malade.

　　Il a dit : 《J'*ai été* malade.》 → Il a dit qu'il *avait été* malade.

　　Il a dit : 《Je *serai* malade.》 → Il a dit qu'il *serait* malade.

2) 疑問文

　　Il m'a demandé : 《Êtes-vous japonais ?》

　　　　　　　　　　　　　　→ Il m'a demandé *si* j'étais japonais.

　　Il m'a demandé : 《*Qu'est-ce qui* est arrivé ?》

　　　　　　　　　　　　　　→ Il m'a demandé *ce qui* était arrivé.

　　Il m'a demandé : 《*Qu'est-ce que* vous faites ?》

　　　　　　　　　　　　　　→ Il m'a demandé *ce que* je faisais.

　　Il m'a demandé : 《*Quand* partira-t-elle ?》

　　　　　　　　　　　　　　→ Il m'a demandé *quand* elle partirait.

3) 命令文：de＋不定詞

　　Il m'a dit : 《Fermez la fenêtre.》 → Il m'a dit *de fermer* la fenêtre.

　※ aujourd'hui → *ce jour-là*,　hier → *la veille*,　demain → *le lendemain*

　ex.) Il a dit : 《Je suis arrivé hier.》 → Il a dit qu'il était arrivé la veille.

動詞変化表

I. aimer   III. être aimé(e)(s)

II. arriver   IV. se lever

1. avoir	17. venir	33. rire
2. être	18. ouvrir	34. croire
3. parler	19. rendre	35. craindre
4. placer	20. mettre	36. prendre
5. manger	21. battre	37. boire
6. acheter	22. suivre	38. voir
7. appeler	23. vivre	39. asseoir
8. préférer	24. écrire	40. recevoir
9. employer	25. connaître	41. devoir
10. envoyer	26. naître	42. pouvoir
11. aller	27. conduire	43. vouloir
12. finir	28. suffire	44. savoir
13. partir	29. lire	45. valoir
14. courir	30. plaire	46. falloir
15. fuir	31. dire	47. pleuvoir
16. mourir	32. faire	

不定形・分詞形	直　　説　　法		

I. aimer

aimant
aimé
ayant aimé
（助動詞　avoir）

	現　　　在		半　過　去		単　純　過　去
j'	aime	j'	aimais	j'	aimai
tu	aimes	tu	aimais	tu	aimas
il	aime	il	aimait	il	aima
nous	aimons	nous	aimions	nous	aimâmes
vous	aimez	vous	aimiez	vous	aimâtes
ils	aiment	ils	aimaient	ils	aimèrent

命　令　法	複　合　過　去		大　過　去		前　過　去	
	j'	ai	aimé	j'	avais	aimé	j'	eus	aimé
aime	tu	as	aimé	tu	avais	aimé	tu	eus	aimé
	il	a	aimé	il	avait	aimé	il	eut	aimé
aimons	nous	avons	aimé	nous	avions	aimé	nous	eûmes	aimé
aimez	vous	avez	aimé	vous	aviez	aimé	vous	eûtes	aimé
	ils	ont	aimé	ils	avaient	aimé	ils	eurent	aimé

II. arriver

arrivant
arrivé
étant arrivé(e)(s)

（助動詞　être）

複　合　過　去			大　過　去			前　過　去		
je	suis	arrivé(e)	j'	étais	arrivé(e)	je	fus	arrivé(e)
tu	es	arrivé(e)	tu	étais	arrivé(e)	tu	fus	arrivé(e)
il	est	arrivé	il	était	arrivé	il	fut	arrivé
elle	est	arrivée	elle	était	arrivée	elle	fut	arrivée
nous	sommes	arrivé(e)s	nous	étions	arrivé(e)s	nous	fûmes	arrivé(e)s
vous	êtes	arrivé(e)(s)	vous	étiez	arrivé(e)(s)	vous	fûtes	arrivé(e)(s)
ils	sont	arrivés	ils	étaient	arrivés	ils	furent	arrivés
elles	sont	arrivées	elles	étaient	arrivées	elles	furent	arrivées

III. être aimé(e)(s)

受動態

étant aimé(e)(s)
ayant été aimé(e)(s)

現　　　在			半　過　去			単　純　過　去		
je	suis	aimé(e)	j'	étais	aimé(e)	je	fus	aimé(e)
tu	es	aimé(e)	tu	étais	aimé(e)	tu	fus	aimé(e)
il	est	aimé	il	était	aimé	il	fut	aimé
elle	est	aimée	elle	était	aimée	elle	fut	aimé e
n.	sommes	aimé(e)s	n.	étions	aimé(e)s	n.	fûmes	aimé(e)s
v.	êtes	aimé(e)(s)	v.	étiez	aimé(e)(s)	v.	fûtes	aimé(e)(s)
ils	sont	aimés	ils	étaient	aimés	ils	furent	aimés
elles	sont	aimées	elles	étaient	aimées	elles	furent	aimées

命　令　法	複　合　過　去			大　過　去			前　過　去		
	j'	ai	été aimé(e)	j'	avais	été aimé(e)	j'	eus	été aimé(e)
	tu	as	été aimé(e)	tu	avais	été aimé(e)	tu	eus	été aimé(e)
	il	a	été aimé	il	avait	été aimé	il	eut	été aimé
sois aimé(e)	elle	a	été aimée	elle	avait	été aimée	elle	eut	été aimée
	n.	avons	été aimé(e)s	n.	avions	été aimé(e)s	n.	eûmes	été aimé(e)s
soyons aimé(e)s	v.	avez	été aimé(e)(s)	v.	aviez	été aimé(e)(s)	v.	eûtes	été aimé(e)(s)
soyez aimé(e)(s)	ils	ont	été aimés	ils	avaient	été aimés	ils	eurent	été aimés
	elles	ont	été aimées	elles	avaient	été aimées	elles	eurent	été aimées

IV. se lever

代名動詞

se levant
s'étant levé(e)(s)

現　　　在			半　過　去			単　純　過　去		
je	me	lève	je	me	levais	je	me	levai
tu	te	lèves	tu	te	levais	tu	te	levas
se	lève	il	se	levait	il	se	leva	
n.	n.	levons	n.	n.	levions	n.	n.	levâmes
v.	v.	levez	v.	v.	leviez	v.	v.	levâtes
ils	se	lèvent	ils	se	levaient	ils	se	levèrent

命　令　法	複　合　過　去			大　過　去			前　過　去		
	je	me	suis	levé(e)	j'	m'	étais	levé(e)	je	me	fus	levé(e)
	tu	t'	es	levé(e)	tu	t'	étais	levé(e)	tu	te	fus	levé(e)
	il	s'	est	levé	il	s'	était	levé	il	se	fut	levé
lève-toi	elle	s'	est	levée	elle	s'	était	levée	elle	se	fut	levée
	n.	n.	sommes	levé(e)s	n.	n.	étions	levé(e)s	n.	n.	fûmes	levé(e)s
levons-nous	v.	v.	êtes	levé(e)(s)	v.	v.	étiez	levé(e)(s)	v.	v.	fûtes	levé(e)(s)
levez-vous	ils	se	sont	levés	ils	s'	étaient	levés	ils	se	furent	levés
	elles	se	sont	levées	elles	s'	étaient	levées	elles	se	furent	levées

直　説　法	条　件　法	接　続　法	

単　純　未　来 / 現　在 / 現　在 / 半　過　去

直説法 単純未来	条件法 現在	接続法 現在	接続法 半過去
j' aimerai	j' aimerais	j' aime	j' aimasse
tu aimeras	tu aimerais	tu aimes	tu aimasses
il aimera	il aimerait	il aime	il aimât
nous aimerons	nous aimerions	nous aimions	nous aimassions
vous aimerez	vous aimeriez	vous aimiez	vous aimassiez
ils aimeront	ils aimeraient	ils aiment	ils aimassent

前　未　来 / 過　去 / 過　去 / 大　過　去

前未来	過去	過去	大過去
j' aurai aimé	j' aurais aimé	j' aie aimé	j' eusse aimé
tu auras aimé	tu aurais aimé	tu aies aimé	tu eusses aimé
il aura aimé	il aurait aimé	il ait aimé	il eût aimé
nous aurons aimé	nous aurions aimé	nous ayons aimé	nous eussions aimé
vous aurez aimé	vous auriez aimé	vous ayez aimé	vous eussiez aimé
ils auront aimé	ils auraient aimé	ils aient aimé	ils eussent aimé

前　未　来 / 過　去 / 過　去 / 大　過　去

前未来	過去	過去	大過去
je serai arrivé(e)	je serais arrivé(e)	je sois arrivé(e)	je fusse arrivé(e)
tu seras arrivé(e)	tu serais arrivé(e)	tu sois arrivé(e)	tu fusses arrivé(e)
il sera arrivé	il serait arrivé	il soit arrivé	il fût arrivé
elle sera arrivée	elle serait arrivée	elle soit arrivée	elle fût arrivée
nous serons arrivé(e)s	nous serions arrivé(e)s	nous soyons arrivé(e)s	nous fussions arrivé(e)s
vous serez arrivé(e)(s)	vous seriez arrivé(e)(s)	vous soyez arrivé(e)(s)	vous fussiez arrivé(e)(s)
ils seront arrivés	ils seraient arrivés	ils soient arrivés	ils fussent arrivés
elles seront arrivées	elles seraient arrivées	elles soient arrivées	elles fussent arrivées

単　純　未　来 / 現　在 / 現　在 / 半　過　去

単純未来	現在	現在	半過去
je serai aimé(e)	je serais aimé(e)	je sois aimé(e)	je fusse aimé(e)
tu seras aimé(e)	tu serais aimé(e)	tu sois aimé(e)	tu fusses aimé(e)
il sera aimé	il serait aimé	il soit aimé	il fût aimé
elle sera aimée	elle serait aimée	elle soit aimée	elle fût aimée
n. serons aimé(e)s	n. serions aimé(e)s	n. soyons aimé(e)s	n. fussions aimé(e)s
v. serez aimé(e)(s)	v. seriez aimé(e)(s)	v. soyez aimé(e)(s)	v. fussiez aimé(e)(s)
ils seront aimés	ils seraient aimés	ils soient aimés	ils fussent aimés
elles seront aimées	elles seraient aimées	elles soient aimées	elles fussent aimées

前　未　来 / 過　去 / 過　去 / 大　過　去

前未来	過去	過去	大過去
j' aurai été aimé(e)	j' aurais été aimé(e)	j' aie été aimé(e)	j' eusse été aimé(e)
tu auras été aimé(e)	tu aurais été aimé(e)	tu aies été aimé(e)	tu eusses été aimé(e)
il aura été aimé	il aurait été aimé	il ait été aimé	il eût été aimé
elle aura été aimée	elle aurait été aimée	elle ait été aimée	elle eût été aimée
n. aurons été aimé(e)s	n. aurions été aimé(e)s	n. ayons été aimé(e)s	n. eussions été aimé(e)s
v. aurez été aimé(e)(s)	v. auriez été aimé(e)(s)	v. ayez été aimé(e)(s)	v. eussiez été aimé(e)(s)
ils auront été aimés	ils auraient été aimés	ils aient été aimés	ils eussent été aimés
elles auront été aimées	elles auraient été aimées	elles aient été aimées	elles eussent été aimées

単　純　未　来 / 現　在 / 現　在 / 半　過　去

単純未来	現在	現在	半過去
je me lèverai	je me lèverais	je me lève	je me levasse
tu te lèveras	tu te lèverais	tu te lèves	tu te levasses
il se lèvera	il se lèverait	il se lève	il se levât
n. n. lèverons	n. n. lèverions	n. n. levions	n. n. levassions
v. v. lèverez	v. v. lèveriez	v. v. leviez	v. v. levassiez
ils se lèveront	ils se lèveraient	ils se lèvent	ils se levassent

前　未　来 / 過　去 / 過　去 / 大　過　去

前未来	過去	過去	大過去
je me serai levé(e)	je me serais levé(e)	je me sois levé(e)	je me fusse levé(e)
tu te seras levé(e)	tu te serais levé(e)	tu te sois levé(e)	tu te fusses levé(e)
il se sera levé	il se serait levé	il se soit levé	il se fût levé
elle se sera levée	elle se serait levée	elle se soit levée	elle se fût levée
n. n. serons levé(e)s	n. n. serions levé(e)s	n. n. soyons levé(e)s	n. n. fussions levé(e)s
v. v. serez levé(e)(s)	v. v. seriez levé(e)(s)	v. v. soyez levé(e)(s)	v. v. fussiez levé(e)(s)
ils se seront levés	ils se seraient levés	ils se soient levés	ils se fussent levés
elles se seront levées	elles se seraient levées	elles se soient levées	elles se fussent levées

不 定 形 分 詞 形	直 説 法			
	現 在	半 過 去	単純過去	単純未来
1. avoir もつ ayant eu [y]	j' ai tu as il a n. avons v. avez ils ont	j' avais tu avais il avait n. avions v. aviez ils avaient	j' eus [y] tu eus il eut n. eûmes v. eûtes ils eurent	j' aurai tu auras il aura n. aurons v. aurez ils auront
2. être 在る étant été	je suis tu es il est n. sommes v. êtes ils sont	j' étais tu étais il était n. étions v. étiez ils étaient	je fus tu fus il fut n. fûmes v. fûtes ils furent	je serai tu seras il sera n. serons v. serez ils seront
3. parler 話す parlant parlé	je parle tu parles il parle n. parlons v. parlez ils parlent	je parlais tu parlais il parlait n. parlions v. parliez ils parlaient	je parlai tu parlas il parla n. parlâmes v. parlâtes ils parlèrent	je parlerai tu parleras il parlera n. parlerons v. parlerez ils parleront
4. placer 置く plaçant placé	je place tu places il place n. plaçons v. placez ils placent	je plaçais tu plaçais il plaçait n. placions v. placiez ils plaçaient	je plaçai tu plaças il plaça n. plaçâmes v. plaçâtes ils placèrent	je placerai tu placeras il placera n. placerons v. placerez ils placeront
5. manger 食べる mangeant mangé	je mange tu manges il mange n. mangeons v. mangez ils mangent	je mangeais tu mangeais il mangeait n. mangions v. mangiez ils mangeaient	je mangeai tu mangeas il mangea n. mangeâmes v. mangeâtes ils mangèrent	je mangerai tu mangeras il mangera n. mangerons v. mangerez ils mangeront
6. acheter 買う achetant acheté	j' achète tu achètes il achète n. achetons v. achetez ils achètent	j' achetais tu achetais il achetait n. achetions v. achetiez ils achetaient	j' achetai tu achetas il acheta n. achetâmes v. achetâtes ils achetèrent	j' achèterai tu achèteras il achètera n. achèterons v. achèterez ils achèteront
7. appeler 呼ぶ appelant appelé	j' appelle tu appelles il appelle n. appelons v. appelez ils appellent	j' appelais tu appelais il appelait n. appelions v. appeliez ils appelaient	j' appelai tu appelas il appela n. appelâmes v. appelâtes ils appelèrent	j' appellerai tu appelleras il appellera n. appellerons v. appellerez ils appelleront
8. préférer より好む préférant préféré	je préfère tu préfères il préfère n. préférons v. préférez ils préfèrent	je préférais tu préférais il préférait n. préférions v. préfériez ils préféraient	je préférai tu préféras il préféra n. préférâmes v. préférâtes ils préférèrent	je préférerai tu préféreras il préférera n. préférerons v. préférerez ils préféreront

| 条　件　法 | 接　続　法 | | 命　令　法 | 同型活用の動詞 |
現　　在	現　　在	半　過　去	現　在	（注意）
j' aurais tu aurais il aurait n. aurions v. auriez ils auraient	j' aie tu aies il ait n. ayons v. ayez ils aient	j' eusse tu eusses il eût n. eussions v. eussiez ils eussent	aie ayons ayez	
je serais tu serais il serait n. serions v. seriez ils seraient	je sois tu sois il soit n. soyons v. soyez ils soient	je fusse tu fusses il fût n. fussions v. fussiez ils fussent	sois soyons soyez	
je parlerais tu parlerais il parlerait n. parlerions v. parleriez ils parleraient	je parle tu parles il parle n. parlions v. parliez ils parlent	je parlasse tu parlasses il parlât n. parlassions v. parlassiez ils parlassent	parle parlons parlez	第1群規則動詞 （4型〜10型をのぞく）
je placerais tu placerais il placerait n. placerions v. placeriez ils placeraient	je place tu places il place n. placions v. placiez ils placent	je plaçasse tu plaçasses il plaçât n. plaçassions v. plaçassiez ils plaçassent	place plaçons placez	—cer の動詞 annoncer, avancer, commencer, effacer, renoncer など. (a, o の前で c → ç)
je mangerais tu mangerais il mangerait n. mangerions v. mangeriez ils mangeraient	je mange tu manges il mange n. mangions v. mangiez ils mangent	je mangeasse tu mangeasses il mangeât n. mangeassions v. mangeassiez ils mangeassent	mange mangeons mangez	—ger の動詞 arranger, changer, charger, engager, nager, obliger など. (a, o の前で g → ge)
j' achèterais tu achèterais il achèterait n. achèterions v. achèteriez ils achèteraient	j' achète tu achètes il achète n. achetions v. achetiez ils achètent	j' achetasse tu achetasses il achetât n. achetassions v. achetassiez ils achetassent	achète achetons achetez	—e＋子音＋er の動詞 achever, lever, mener など. (7型をのぞく. e muet を 含む音節の前で e → è)
j' appellerais tu appellerais il appellerait n. appellerions v. appelleriez ils appelleraient	j' appelle tu appelles il appelle n. appelions v. appeliez ils appellent	j' appelasse tu appelasses il appelât n. appelassions v. appelassiez ils appelassent	appelle appelons appelez	—eter, —eler の動詞 jeter, rappeler など. （6 型のものもある. e muet の前で t, l を重 ねる）
je préférerais tu préférerais il préférerait n. préférerions v. préféreriez ils préféreraient	je préfère tu préfères il préfère n. préférions v. préfériez ils préfèrent	je préférasse tu préférasses il préférât n. préférassions v. préférassiez ils préférassent	préfère préférons préférez	—é＋子音＋er の動詞 céder, espérer, opérer, répéter など. (e muet を含む語末音節 の前で é → è)

不定形 分詞形	直　　説　　法			
	現　　在	半　過　去	単　純　過　去	単　純　未　来
9. employer 使う employant employé	j' emploie tu emploies il emploie n. employons v. employez ils emploient	j' employais tu employais il employait n. employions v. employiez ils employaient	j' employai tu employas il employa n. employâmes v. employâtes ils employèrent	j' emploierai tu emploieras il emploiera n. emploierons v. emploierez ils emploieront
10. envoyer 送る envoyant envoyé	j' envoie tu envoies il envoie n. envoyons v. envoyez ils envoient	j' envoyais tu envoyais il envoyait n. envoyions v. envoyiez ils envoyaient	j' envoyai tu envoyas il envoya n. envoyâmes v. envoyâtes ils envoyèrent	j' enverrai tu enverras il enverra n. enverrons v. enverrez ils enverront
11. aller 行く allant allé	je vais tu vas il va n. allons v. allez ils vont	j' allais tu allais il allait n. allions v. alliez ils allaient	j' allai tu allas il alla n. allâmes v. allâtes ils allèrent	j' irai tu iras il ira n. irons v. irez ils iront
12. finir 終える finissant fini	je finis tu finis il finit n. finissons v. finissez ils finissent	je finissais tu finissais il finissait n. finissions v. finissiez ils finissaient	je finis tu finis il finit n. finîmes v. finîtes ils finirent	je finirai tu finiras il finira n. finirons v. finirez ils finiront
13. partir 出発する partant parti	je pars tu pars il part n. partons v. partez ils partent	je partais tu partais il partait n. partions v. partiez ils partaient	je partis tu partis il partit n. partîmes v. partîtes ils partirent	je partirai tu partiras il partira n. partirons v. partirez ils partiront
14. courir 走る courant couru	je cours tu cours il court n. courons v. courez ils courent	je courais tu courais il courait n. courions v. couriez ils couraient	je courus tu courus il courut n. courûmes v. courûtes ils coururent	je courrai tu courras il courra n. courrons v. courrez ils courront
15. fuir 逃げる fuyant fui	je fuis tu fuis il fuit n. fuyons v. fuyez ils fuient	je fuyais tu fuyais il fuyait n. fuyions v. fuyiez ils fuyaient	je fuis tu fuis il fuit n. fuîmes v. fuîtes ils fuirent	je fuirai tu fuiras il fuira n. fuirons v. fuirez ils fuiront
16. mourir 死ぬ mourant mort	je meurs tu meurs il meurt n. mourons v. mourez ils meurent	je mourais tu mourais il mourait n. mourions v. mouriez ils mouraient	je mourus tu mourus il mourut n. mourûmes v. mourûtes ils moururent	je mourrai tu mourras il mourra n. mourrons v. mourrez ils mourront

条 件 法 現　在	接 続 法 現　在	半 過 去	命 令 法 現　在	同型活用の動詞（注意）
j' emploierais tu emploierais il emploierait n. emploierions v. emploieriez ils emploieraient	j' emploie tu emploies il emploie n. employions v. employiez ils emploient	j' employasse tu employasses il employât n. employassions v. employassiez ils employassent	emploie employons employez	—oyer, —uyer, —ayer の動詞 （e muet の前で y → i. —ayer は3型でもよい. また envoyer → 10）
j' enverrais tu enverrais il enverrait n. enverrions v. enverriez ils enverraient	j' envoie tu envoies il envoie n. envoyions v. envoyiez ils envoient	j' envoyasse tu envoyasses il envoyât n. envoyassions v. envoyassiez ils envoyassent	envoie envoyons envoyez	renvoyer （未来，条・現のみ9型とことなる）
j' irais tu irais il irait n. irions v. iriez ils iraient	j' aille tu ailles il aille n. allions v. alliez ils aillent	j' allasse tu allasses il allât n. allassions v. allassiez ils allassent	va allons allez	
je finirais tu finirais il finirait n. finirions v. finiriez ils finiraient	je finisse tu finisses il finisse n. finissions v. finissiez ils finissent	je finisse tu finisses il finît n. finissions v. finissiez ils finissent	finis finissons finissez	第2群規則動詞
je partirais tu partirais il partirait n. partirions v. partiriez ils partiraient	je parte tu partes il parte n. partions v. partiez ils partent	je partisse tu partisses il partît n. partissions v. partissiez ils partissent	pars partons partez	dormir, endormir, se repentir, sentir, servir, sortir
je courrais tu courrais il courrait n. courrions v. courriez ils courraient	je coure tu coures il coure n. courions v. couriez ils courent	je courusse tu courusses il courût n. courussions v. courussiez ils courussent	cours courons courez	accourir, parcourir, secourir
je fuirais tu fuirais il fuirait n. fuirions v. fuiriez ils fuiraient	je fuie tu fuies il fuie n. fuyions v. fuyiez ils fuient	je fuisse tu fuisses il fuît n. fuissions v. fuissiez ils fuissent	fuis fuyons fuyez	s'enfuir
je mourrais tu mourrais il mourrait n. mourrions v. mourriez ils mourraient	je meure tu meures il meure n. mourions v. mouriez ils meurent	je mourusse tu mourusses il mourût n. mourussions v. mourussiez ils mourussent	meurs mourons mourez	

不　定　形 分　詞　形	直　　説　　法			
	現　　在	半　過　去	単純過去	単純未来
17. venir 来る venant venu	je viens tu viens il vient n. venons v. venez ils viennent	je venais tu venais il venait n. venions v. veniez ils venaient	je vins tu vins il vint n. vînmes v. vîntes ils vinrent	je viendrai tu viendras il viendra n. viendrons v. viendrez ils viendront
18. ouvrir あける ouvrant ouvert	j' ouvre tu ouvres il ouvre n. ouvrons v. ouvrez ils ouvrent	j' ouvrais tu ouvrais il ouvrait n. ouvrions v. ouvriez ils ouvraient	j' ouvris tu ouvris il ouvrit n. ouvrîmes v. ouvrîtes ils ouvrirent	j' ouvrirai tu ouvriras il ouvrira n. ouvrirons v. ouvrirez ils ouvriront
19. rendre 返す rendant rendu	je rends tu rends il rend n. rendons v. rendez ils rendent	je rendais tu rendais il rendait n. rendions v. rendiez ils rendaient	je rendis tu rendis il rendit n. rendîmes v. rendîtes ils rendirent	je rendrai tu rendras il rendra n. rendrons v. rendrez ils rendront
20. mettre 置く mettant mis	je mets tu mets il met n. mettons v. mettez ils mettent	je mettais tu mettais il mettait n. mettions v. mettiez ils mettaient	je mis tu mis il mit n. mîmes v. mîtes ils mirent	je mettrai tu mettras il mettra n. mettrons v. mettrez ils mettront
21. battre 打つ battant battu	je bats tu bats il bat n. battons v. battez ils battent	je battais tu battais il battait n. battions v. battiez ils battaient	je battis tu battis il battit n. battîmes v. battîtes ils battirent	je battrai tu battras il battra n. battrons v. battrez ils battront
22. suivre ついて行く suivant suivi	je suis tu suis il suit n. suivons v. suivez ils suivent	je suivais tu suivais il suivait n. suivions v. suiviez ils suivaient	je suivis tu suivis il suivit n. suivîmes v. suivîtes ils suivirent	je suivrai tu suivras il suivra n. suivrons v. suivrez ils suivront
23. vivre 生きる vivant vécu	je vis tu vis il vit n. vivons v. vivez ils vivent	je vivais tu vivais il vivait n. vivions v. viviez ils vivaient	je vécus tu vécus il vécut n. vécûmes v. vécûtes ils vécurent	je vivrai tu vivras il vivra n. vivrons v. vivrez ils vivront
24. écrire 書く écrivant écrit	j' écris tu écris il écrit n. écrivons v. écrivez ils écrivent	j' écrivais tu écrivais il écrivait n. écrivions v. écriviez ils écrivaient	j' écrivis tu écrivis il écrivit n. écrivîmes v. écrivîtes ils écrivirent	j' écrirai tu écriras il écrira n. écrirons v. écrirez ils écriront

条 件 法	接 続 法		命 令 法	同型活用の動詞
現　　在	現　　在	半　過　去	現　在	（注意）
je viendrais tu viendrais il viendrait n. viendrions v. viendriez ils viendraient	je vienne tu viennes il vienne n. venions v. veniez ils viennent	je vinsse tu vinsses il vînt n. vinssions v. vinssiez ils vinssent	viens venons venez	onvenir, devenir, provenir, revenir, se souvenir ; tenir, appartenir, maintenir, obtenir, retenir, soutenir
j' ouvrirais tu ouvrirais il ouvrirait n. ouvririons v. ouvririez ils ouvriraient	j' ouvre tu ouvres il ouvre n. ouvrions v. ouvriez ils ouvrent	j' ouvrisse tu ouvrisses il ouvrît n. ouvrissions v. ouvrissiez ils ouvrissent	ouvre ouvrons ouvrez	couvrir, découvrir, offrir, souffrir
je rendrais tu rendrais il rendrait n. rendrions v. rendriez ils rendraient	je rende tu rendes il rende n. rendions v. rendiez ils rendent	je rendisse tu rendisses il rendît n. rendissions v. rendissiez ils rendissent	rends rendons rendez	attendre, défendre, descendre entendre, perdre, prétendre, répondre, tendre, vendre
je mettrais tu mettrais il mettrait n. mettrions v. mettriez ils mettraient	je mette tu mettes il mette n. mettions v. mettiez ils mettent	je misse tu misses il mît n. missions v. missiez ils missent	mets mettons mettez	admettre, commettre, permettre, promettre, remettre, soumettre
je battrais tu battrais il battrait n. battrions v. battriez ils battraient	je batte tu battes il batte n. battions v. battiez ils battent	je battisse tu battisses il battît n. battissions v. battissiez ils battissent	bats battons battez	abattre, combattre
je suivrais tu suivrais il suivrait n. suivrions v. suivriez ils suivraient	je suive tu suives il suive n. suivions v. suiviez ils suivent	je suivisse tu suivisses il suivît n. suivissions v. suivissiez ils suivissent	suis suivons suivez	poursuivre
je vivrais tu vivrais il vivrait n. vivrions v. vivriez ils vivraient	je vive tu vives il vive n. vivions v. viviez ils vivent	je vécusse tu vécusses il vécût n. vécussions v. vécussiez ils vécussent	vis vivons vivez	
j' écrirais tu écrirais il écrirait n. écririons v. écririez ils écriraient	j' écrive tu écrives il écrive n. écrivions v. écriviez ils écrivent	j' écrivisse tu écrivisses il écrivît n. écrivissions v. écrivissiez ils écrivissent	écris écrivons écrivez	décrire, inscrire

不 定 形 分 詞 形	直　　　　説　　　　法			
	現　　　在	半　過　去	単 純 過 去	単 純 未 来
25. connaître 知っている connaissant connu	je connais tu connais il connaît n. connaissons v. connaissez ils connaissent	je connaissais tu connaissais il connaissait n. connaissions v. connaissiez ils connaissaient	je connus tu connus il connut n. connûmes v. connûtes ils connurent	je connaîtrai tu connaîtras il connaîtra n. connaîtrons v. connaîtrez ils connaîtront
26. naître 生まれる naissant né	je nais tu nais il naît n. naissons v. naissez ils naissent	je naissais tu naissais il naissait n. naissions v. naissiez ils naissaient	je naquis tu naquis il naquit n. naquîmes v. naquîtes ils naquirent	je naîtrai tu naîtras il naîtra n. naîtrons v. naîtrez ils naîtront
27. conduire みちびく conduisant conduit	je conduis tu conduis il conduit n. conduisons v. conduisez ils conduisent	je conduisais tu conduisais il conduisait n. conduisions v. conduisiez ils conduisaient	je conduisis tu conduisis il conduisit n. conduisîmes v. conduisîtes ils conduisirent	je conduirai tu conduiras il conduira n. conduirons v. conduirez ils conduiront
28. suffire 足りる suffisant suffi	je suffis tu suffis il suffit n. suffisons v. suffisez ils suffisent	je suffisais tu suffisais il suffisait n. suffisions v. suffisiez ils suffisaient	je suffis tu suffis il suffit n. suffîmes v. suffîtes ils suffirent	je suffirai tu suffiras il suffira n. suffirons v. suffirez ils suffiront
29. lire 読む lisant lu	je lis tu lis il lit n. lisons v. lisez ils lisent	je lisais tu lisais il lisait n. lisions v. lisiez ils lisaient	je lus tu lus il lut n. lûmes v. lûtes ils lurent	je lirai tu liras il lira n. lirons v. lirez ils liront
30. plaire 気に入る plaisant plu	je plais tu plais il plaît n. plaisons v. plaisez ils plaisent	je plaisais tu plaisais il plaisait n. plaisions v. plaisiez ils plaisaient	je plus tu plus il plut n. plûmes v. plûtes ils plurent	je plairai tu plairas il plaira n. plairons v. plairez ils plairont
31. dire 言う disant dit	je dis tu dis il dit n. disons v. dites ils disent	je disais tu disais il disait n. disions v. disiez ils disaient	je dis tu dis il dit n. dîmes v. dîtes ils dirent	je dirai tu diras il dira n. dirons v. direz ils diront
32. faire する faisant [fzɑ̃] fait	je fais tu fais il fait n. faisons [fzɔ̃] v. faites ils font	je faisais [fzɛ] tu faisais il faisait n. faisions v. faisiez ils faisaient	je fis tu fis il fit n. fîmes v. fîtes ils firent	je ferai tu feras il fera n. ferons v. ferez ils feront

| 条　件　法 | 接　　続　　法 | | 命　令　法 | 同型活用の動詞 |
現　　　在	現　　　在	半　過　去	現　　在	（注意）
je connaîtrais tu connaîtrais il connaîtrait n. connaîtrions v. connaîtriez ils connaîtraient	je connaisse tu connaisses il connaisse n. connaissions v. connaissiez ils connaissent	je connusse tu connusses il connût n. connussions v. connussiez ils connussent	connais connaissons connaissez	reconnaître ; paraître, apparaître, disparaître （tの前でi→î）
je naîtrais tu naîtrais il naîtrait n. naîtrions v. naîtriez ils naîtraient	je naisse tu naisses il naisse n. naissions v. naissiez ils naissent	je naquisse tu naquisses il naquît n. naquissions v. naquissiez ils naquissent	nais naissons naissez	renaître （tの前でi→î）
je conduirais tu conduirais il conduirait n. conduirions v. conduiriez ils conduiraient	je conduise tu conduises il conduise n. conduisions v. conduisiez ils conduisent	je conduisisse tu conduisisses il conduisît n. conduisissions v. conduisissiez ils conduisissent	conduis conduisons conduisez	introduire, produire, traduire ; construire, détruire
je suffirais tu suffirais il suffirait n. suffirions v. suffiriez ils suffiraient	je suffise tu suffises il suffise n. suffisions v. suffisiez ils suffisent	je suffisse tu suffisses il suffît n. suffissions v. suffissiez ils suffissent	suffis suffisons suffisez	
je lirais tu lirais il lirait n. lirions v. liriez ils liraient	je lise tu lises il lise n. lisions v. lisiez ils lisent	je lusse tu lusses il lût n. lussions v. lussiez ils lussent	lis lisons lisez	élire, relire
je plairais tu plairais il plairait n. plairions v. plairiez ils plairaient	je plaise tu plaises il plaise n. plaisions v. plaisiez ils plaisent	je plusse tu plusses il plût n. plussions v. plussiez ils plussent	plais plaisons plaisez	déplaire, taire （ただし taire の直・現・ 3 人称単数 il tait）
je dirais tu dirais il dirait n. dirions v. diriez ils diraient	je dise tu dises il dise n. disions v. disiez ils disent	je disse tu disses il dît n. dissions v. dissiez ils dissent	dis disons dites	redire
je ferais tu ferais il ferait n. ferions v. feriez ils feraient	je fasse tu fasses il fasse n. fassions v. fassiez ils fassent	je fisse tu fisses il fît n. fissions v. fissiez ils fissent	fais faisons faites	défaire, refaire, satisfaire

不 定 形 分 詞 形	直 説 法			
	現　在	半 過 去	単 純 過 去	単 純 未 来
33. rire 笑う riant ri	je　ris tu　ris il　rit n.　rions v.　riez ils　rient	je　riais tu　riais il　riait n.　riions v.　riiez ils　riaient	je　ris tu　ris il　rit n.　rîmes v.　rîtes ils　rirent	je　rirai tu　riras il　rira n.　rirons v.　rirez ils　riront
34. croire 信じる croyant cru	je　crois tu　crois il　croit n.　croyons v.　croyez ils　croient	je　croyais tu　croyais il　croyait n.　croyions v.　croyiez ils　croyaient	je　crus tu　crus il　crut n.　crûmes v.　crûtes ils　crurent	je　croirai tu　croiras il　croira n.　croirons v.　croirez ils　croiront
35. craindre おそれる craignant craint	je　crains tu　crains il　craint n.　craignons v.　craignez ils　craignent	je　craignais tu　craignais il　craignait n.　craignions v.　craigniez ils　craignaient	je　craignis tu　craignis il　craignit n.　craignîmes v.　craignîtes ils　craignirent	je　craindrai tu　craindras il　craindra n.　craindrons v.　craindrez ils　craindront
36. prendre とる prenant pris	je　prends tu　prends il　prend n.　prenons v.　prenez ils　prennent	je　prenais tu　prenais il　prenait n.　prenions v.　preniez ils　prenaient	je　pris tu　pris il　prit n.　prîmes v.　prîtes ils　prirent	je　prendrai tu　prendras il　prendra n.　prendrons v.　prendrez ils　prendront
37. boire 飲む buvant bu	je　bois tu　bois il　boit n.　buvons v.　buvez ils　boivent	je　buvais tu　buvais il　buvait n.　buvions v.　buviez ils　buvaient	je　bus tu　bus il　but n.　bûmes v.　bûtes ils　burent	je　boirai tu　boiras il　boira n.　boirons v.　boirez ils　boiront
38. voir 見る voyant vu	je　vois tu　vois il　voit n.　voyons v.　voyez ils　voient	je　voyais tu　voyais il　voyait n.　voyions v.　voyiez ils　voyaient	je　vis tu　vis il　vit n.　vîmes v.　vîtes ils　virent	je　verrai tu　verras il　verra n.　verrons v.　verrez ils　verront
39. asseoir 座らせる asseyant assoyant assis	j'　assieds tu　assieds il　assied n.　asseyons v.　asseyez ils　asseyent j'　assois tu　assois il　assoit n.　assoyons v.　assoyez ils　assoient	j'　asseyais tu　asseyais il　asseyait n.　asseyions v.　asseyiez ils　asseyaient j'　assoyais tu　assoyais il　assoyait n.　assoyions v.　assoyiez ils　assoyaient	j'　assis tu　assis il　assit n.　assîmes v.　assîtes ils　assirent	j'　assiérai tu　assiéras il　assiéra n.　assiérons v.　assiérez ils　assiéront j'　assoirai tu　assoiras il　assoira n.　assoirons v.　assoirez ils　assoiront

条　件　法		接　続　法		命　令　法	同型活用の動詞
現　　在	現　　在		半　過　去	現　　在	（注意）
je rirais tu rirais il rirait n. ririons v. ririez ils riraient	je rie tu ries il rie n. riions v. riiez ils rient	je risse tu risses il rît n. rissions v. rissiez ils rissent		ris rions riez	sourire
je croirais tu croirais il croirait n. croirions v. croiriez ils croiraient	je croie tu croies il croie n. croyions v. croyiez ils croient	je crusse tu crusses il crût n. crussions v. crussiez ils crussent		crois croyons croyez	
je craindrais tu craindrais il craindrait n. craindrions v. craindriez ils craindraient	je craigne tu craignes il craigne n. craignions v. craigniez ils craignent	je craignisse tu craignisses il craignît n. craignissions v. craignissiez ils craignissent		crains craignons craignez	plaindre ; atteindre, éteindre, peindre; joindre, rejoindre
je prendrais tu prendrais il prendrait n. prendrions v. prendriez ils prendraient	je prenne tu prennes il prenne n. prenions v. preniez ils prennent	je prisse tu prisses il prît n. prissions v. prissiez ils prissent		prends prenons prenez	apprendre, comprendre, surprendre
je boirais tu boirais il boirait n. boirions v. boiriez ils boiraient	je boive tu boives il boive n. buvions v. buviez ils boivent	je busse tu busses il bût n. bussions v. bussiez ils bussent		bois buvons buvez	
je verrais tu verrais il verrait n. verrions v. verriez ils verraient	je voie tu voies il voie n. voyions v. voyiez ils voient	je visse tu visses il vît n. vissions v. vissiez ils vissent		vois voyons voyez	revoir
j' assiérais tu assiérais il assiérait n. assiérions v. assiériez ils assiéraient	j' asseye tu asseyes il asseye n. asseyions v. asseyiez ils asseyent	j' assisse tu assisses il assît n. assissions v. assissiez ils assissent		assieds asseyons asseyez	（代名動詞 s'asseoir として用いられることが多い．下段は俗語調）
j' assoirais tu assoirais il assoirait n. assoirions v. assoiriez ils assoiraient	j' assoie tu assoies il assoie n. assoyions v. assoyiez ils assoient			assois assoyons assoyez	

不 定 形 分 詞 形	直　　　　説　　　　法			
	現　　　在	半　過　去	単　純　過　去	単　純　未　来
40. recevoir 受取る recevant reçu	je reçois tu reçois il reçoit n. recevons v. recevez ils reçoivent	je recevais tu recevais il recevait n. recevions v. receviez ils recevaient	je reçus tu reçus il reçut n. reçûmes v. reçûtes ils reçurent	je recevrai tu recevras il recevra n. recevrons v. recevrez ils recevront
41. devoir ねばならぬ devant dû, due dus, dues	je dois tu dois il doit n. devons v. devez ils doivent	je devais tu devais il devait n. devions v. deviez ils devaient	je dus tu dus il dut n. dûmes v. dûtes ils durent	je devrai tu devras il devra n. devrons v. devrez ils devront
42. pouvoir できる pouvant pu	je peux (puis) tu peux il peut n. pouvons v. pouvez ils peuvent	je pouvais tu pouvais il pouvait n. pouvions v. pouviez ils pouvaient	je pus tu pus il put n. pûmes v. pûtes ils purent	je pourrai tu pourras il pourra n. pourrons v. pourrez ils pourront
43. vouloir のぞむ voulant voulu	je veux tu veux il veut n. voulons v. voulez ils veulent	je voulais tu voulais il voulait n. voulions v. vouliez ils voulaient	je voulus tu voulus il voulut n. voulûmes v. voulûtes ils voulurent	je voudrai tu voudras il voudra n. voudrons v. voudrez ils voudront
44. savoir 知っている sachant su	je sais tu sais il sait n. savons v. savez ils savent	je savais tu savais il savait n. savions v. saviez ils savaient	je sus tu sus il sut n. sûmes v. sûtes ils surent	je saurai tu sauras il saura n. saurons v. saurez ils sauront
45. valoir 価値がある valant valu	je vaux tu vaux il vaut n. valons v. valez ils valent	je valais tu valais il valait n. valions v. valiez ils valaient	je valus tu valus il valut n. valûmes v. valûtes ils valurent	je vaudrai tu vaudras il vaudra n. vaudrons v. vaudrez ils vaudront
46. falloir 必要である — fallu	il faut	il fallait	il fallut	il faudra
47. pleuvoir 雨が降る pleuvant plu	il pleut	il pleuvait	il plut	il pleuvra

条 件 法	接 続 法		命 令 法	同型活用の動詞 （注意）
現　　在	現　　在	半　過　去	現　在	
je recevrais tu recevrais il recevrait n. recevrions v. recevriez ils recevraient	je reçoive tu reçoives il reçoive n. recevions v. receviez ils reçoivent	je reçusse tu reçusses il reçût n. reçussions v. reçussiez ils reçussent	reçois recevons recevez	apercevoir, concevoir
je devrais tu devrais il devrait n. devrions v. devriez ils devraient	je doive tu doives il doive n. devions v. deviez ils doivent	je dusse tu dusses il dût n. dussions v. dussiez ils dussent		（過去分詞は du＝de＋le と区別するために男性単 数のみ dû と綴る）
je pourrais tu pourrais il pourrait n. pourrions v. pourriez ils pourraient	je puisse tu puisses il puisse n. puissions v. puissiez ils puissent	je pusse tu pusses il pût n. pussions v. pussiez ils pussent		
je voudrais tu voudrais il voudrait n. voudrions v. voudriez ils voudraient	je veuille tu veuilles il veuille n. voulions v. vouliez ils veuillent	je voulusse tu voulusses il voulût n. voulussions v. voulussiez ils voulussent	veuille veuillons veuillez	
je saurais tu saurais il saurait n. saurions v. sauriez ils sauraient	je sache tu saches il sache n. sachions v. sachiez ils sachent	je susse tu susses il sût n. sussions v. sussiez ils sussent	sache sachons sachez	
je vaudrais tu vaudrais il vaudrait n. vaudrions v. vaudriez ils vaudraient	je vaille tu vailles il vaille n. valions v. valiez ils vaillent	je valusse tu valusses il valût n. valussions v. valussiez ils valussent		
il faudrait	il faille	il fallût		
il pleuvrait	il pleuve	il plût		

ラ・フォーレ 新訂版
―フランス語基礎文法―

検印
省略

©2014年1月15日　初 版 発 行
2020年1月15日　改訂新版発行
2022年1月30日　第 3 刷 発 行

著　者　　　　　森　　　繁

発行者　　　　　原　　雅　久

発行所　　　株式会社 朝 日 出 版 社

〒101-0065 東京都千代田区西神田 3-3-5
TEL（03）3239-0271·72（直通）
振替口座　東京 00140-2-46008
http://www.asahipress.com/
表紙デザイン：DC カンパニー
メディアアート

客注

書店ＣＤ：１８７２８０　　　２０

コメント：１０８５

受注日付：２４１２０４

受注Ｎｏ：１１３７６７

ＩＳＢＮ：９７８４２５５３５３０６７

　　　　　　　　　１／１

１２　　　　　　　　ココからはがして下さい

5306-7

2200E

税10%）

ラ・フォーレ 新訂版
―フランス語基礎文法―

朝日出版社
https://www.asahipress.com/